TRANZLATY

La Langue est pour tout le Monde

Мова для всіх

Le Manifeste Communiste

Маніфест Комуністичної партії

Karl Marx
&
Friedrich Engels

Français / Українська

Published by Tranzlaty
ISBN: 978-1-80572-381-3
Original text by Karl Marx and Friedrich Engels
The Communist Manifesto
First published in 1848
www.tranzlaty.com

Introduction
Введення

Un spectre hante l'Europe : le spectre du communisme
Привид блукає Європою — привид комунізму
Toutes les puissances de la vieille Europe ont conclu une sainte alliance pour exorciser ce spectre
Всі держави старої Європи уклали священний союз, щоб вигнати цю примару
Le pape et le tsar, Metternich et Guizot, les radicaux français et les espions de la police allemande
Папа і цар, Меттерніх і Гізо, французькі радикали і німецькі поліцейські-шпигуни
Où est le parti dans l'opposition qui n'a pas été décrié comme communiste par ses adversaires au pouvoir ?
Де та опозиційна партія, яку опоненти при владі не засудили як комуністичну?
Où est l'opposition qui n'a pas rejeté le reproche de marque du communisme contre les partis d'opposition les plus avancés ?
Де та опозиція, яка не відкинула тавровий докір комунізму на адресу більш просунутих опозиційних партій?
Et où est le parti qui n'a pas porté l'accusation contre ses adversaires réactionnaires ?
І де та партія, яка не висунула звинувачення проти своїх реакційних супротивників?
Deux choses résultent de ce fait
З цього факту випливають дві речі
I. Le communisme est déjà reconnu par toutes les puissances européennes comme étant lui-même une puissance
I. Комунізм вже визнаний усіма європейськими державами як держава
II. Il est grand temps que les communistes publient ouvertement, à la face du monde entier, leurs vues, leurs buts et leurs tendances

II. Настав час, щоб комуністи відкрито, перед обличчям усього світу, оприлюднили свої погляди, цілі та тенденції

ils doivent répondre à ce conte enfantin du spectre du communisme par un manifeste du parti lui-même

вони повинні зустріти цю дитячу казку про привид комунізму з маніфестом самої партії

À cette fin, des communistes de diverses nationalités se sont réunis à Londres et ont esquissé le manifeste suivant

З цією метою комуністи різних національностей зібралися в Лондоні і накидали наступний Маніфест

ce manifeste sera publié en anglais, français, allemand, italien, flamand et danois

цей маніфест має бути опублікований англійською, французькою, німецькою, італійською, фламандською та данською мовами

Et maintenant, il doit être publié dans toutes les langues proposées par Tranzlaty

І тепер він має бути опублікований усіма мовами, які пропонує Tranzlaty

Les bourgeois et les prolétaires
Буржуа і пролетарі

L'histoire de toutes les sociétés qui ont existé jusqu'à présent est l'histoire des luttes de classes

Історія всіх існуючих досі суспільств - це історія класової боротьби

Homme libre et esclave, patricien et plébéien, seigneur et serf, maître de guilde et compagnon

Вільна людина і раб, патрицій і плебей, пан і кріпак, цехмейстер і підмайстер

en un mot, oppresseur et opprimé

Одним словом, гнобитель і пригноблений

Ces classes sociales étaient en opposition constante les unes avec les autres

Ці соціальні класи перебували в постійній опозиції один до одного

Ils se sont battus sans interruption. Maintenant caché, maintenant ouvert

Вони вели безперервну боротьбу. Тепер приховано, тепер відкрито

un combat qui s'est terminé par une reconstitution révolutionnaire de la société dans son ensemble

боротьба, яка закінчилася революційною перебудовою суспільства в цілому

ou un combat qui s'est terminé par la ruine commune des classes en lutte

або боротьбу, яка закінчилася загальною загибеллю ворогуючих класів

Jetons un coup d'œil aux époques antérieures de l'histoire

Озирнімося на попередні епохи історії

Nous trouvons presque partout un arrangement compliqué de la société en divers ordres

Майже скрізь ми знаходимо складний поділ суспільства на різні порядки

Il y a toujours eu une gradation multiple du rang social

Завжди існувала різноманітна градація соціального рангу

Dans la Rome antique, nous avons des patriciens, des chevaliers, des plébéiens, des esclaves

У Стародавньому Римі є патриції, лицарі, плебеї, раби

au Moyen Âge : seigneurs féodaux, vassaux, maîtres de corporation, compagnons, apprentis, serfs

в середні віки: феодали, васали, цехмейстери, підмайстри, підмайстри, кріпаки

Dans presque toutes ces classes, encore une fois, les gradations subordonnées

Майже у всіх цих класах, знову ж таки, підрядні градації

La société bourgeoise moderne est née des ruines de la société féodale

Сучасне буржуазне суспільство виросло з руїн феодального суспільства

Mais ce nouvel ordre social n'a pas fait disparaître les antagonismes de classe

Але цей новий соціальний лад не покінчив із класовими антагонізмами

Elle n'a fait qu'établir de nouvelles classes et de nouvelles conditions d'oppression

Вона лише встановила нові класи і нові умови гноблення

Il a mis en place de nouvelles formes de lutte à la place des anciennes

Вона встановила нові форми боротьби замість старих

Cependant, l'époque dans laquelle nous nous trouvons possède un trait distinctif

Однак епоха, в якій ми опинилися, має одну відмінну рису

l'époque de la bourgeoisie a simplifié les antagonismes de classe

епоха буржуазії спростила класові антагонізми

La société dans son ensemble se divise de plus en plus en deux grands camps hostiles

Суспільство в цілому все більше розпадається на два великих ворожих табори

deux grandes classes sociales qui se font directement face : la bourgeoisie et le prolétariat

два великих суспільних класу, що безпосередньо стикаються один з одним: буржуазія і пролетаріат

Des serfs du Moyen Âge sont sortis les bourgeois agréés des premières villes

З кріпаків середньовіччя вийшли завірені міщани найдавніших міст

C'est à partir de ces bourgeois que se sont développés les premiers éléments de la bourgeoisie

З цих міщан розвинулися перші елементи буржуазії

La découverte de l'Amérique et le contournement du Cap

Відкриття Америки і округлення мису

ces événements ont ouvert un nouveau terrain à la bourgeoisie montante

ці події відкрили нові ґрунти для зростаючої буржуазії

Les marchés des Indes orientales et de la Chine, la colonisation de l'Amérique, le commerce avec les colonies

Ринки Ост-Індії та Китаю, колонізація Америки, торгівля з колоніями

l'augmentation des moyens d'échange et des marchandises en général

збільшення засобів обміну і товарів в цілому

Ces événements donnèrent au commerce, à la navigation et à l'industrie une impulsion jamais connue jusque-là

Ці події дали комерції, навігації та промисловості небачений раніше імпульс

Elle a donné un développement rapide à l'élément révolutionnaire dans la société féodale chancelante

Це дало швидкий розвиток революційному елементу в хиткому феодальному суспільстві

Les guildes fermées avaient monopolisé le système féodal de la production industrielle

Закриті гільдії монополізували феодальну систему промислового виробництва

Mais cela ne suffisait plus aux besoins croissants des nouveaux marchés

Але цього вже не вистачало для зростаючих потреб нових ринків

Le système manufacturier a pris la place du système féodal de l'industrie

На зміну феодальній системі промисловості прийшла виробнича система

Les maîtres de guilde étaient poussés d'un côté par la classe moyenne manufacturière

Цехмейстерів з одного боку відтіснив промисловий середній клас

La division du travail entre les différentes corporations a disparu

зник розподіл праці між різними корпоративними гільдіями

La division du travail s'infiltrait dans chaque atelier

Поділ праці пронизував кожну окрему майстерню

Pendant ce temps, les marchés ne cessaient de croître et la demande ne cessait d'augmenter

Тим часом ринки продовжували зростати, а попит постійно зростав

Même les usines ne suffisaient plus à répondre à la demande

Навіть заводів вже не вистачало, щоб задовольнити потреби

À partir de là, la vapeur et les machines ont révolutionné la production industrielle

Після цього пара і машини зробили революцію в промисловому виробництві

La place de fabrication a été prise par le géant de l'industrie moderne

Місце виробництва зайняв гігант Modern Industry

La place de la classe moyenne industrielle a été prise par des millionnaires industriels

Місце промислового середнього класу зайняли
промислові мільйонери
la place de chefs d'armées industrielles entières ont été
prises par la bourgeoisie moderne
місце вождів цілих промислових армій зайняла сучасна
буржуазія
la découverte de l'Amérique a ouvert la voie à l'industrie
moderne pour établir le marché mondial
відкриття Америки відкрило шлях сучасній
промисловості до становлення світового ринку
Ce marché donna un immense développement au commerce,
à la navigation et aux communications par terre
Цей ринок дав величезний розвиток торгівлі, навігації та
сухопутному зв'язку
Cette évolution a, en son temps, réagi à l'extension de
l'industrie
Цей розвиток свого часу відбився на розширенні
промисловості
elle a réagi proportionnellement à l'expansion de l'industrie
et à l'extension du commerce, de la navigation et des
chemins de fer
Вона реагувала пропорційно тому, як розширювалася
промисловість, розширювалася торгівля, мореплавство і
залізниці
dans la même proportion que la bourgeoisie s'est
développée, elle a augmenté son capital
в тій же пропорції, в якій розвивалася буржуазія, вона
збільшувала свій капітал
et la bourgeoisie a relégué à l'arrière-plan toutes les classes
héritées du Moyen Âge
а буржуазія відсунула на задній план будь-який клас,
переданий з середньовіччя
c'est pourquoi la bourgeoisie moderne est elle-même le
produit d'un long développement
тому сучасна буржуазія сама по собі є продуктом
тривалого шляху розвитку

On voit qu'il s'agit d'une série de révolutions dans les modes de production et d'échange

Ми бачимо, що це серія революцій у способах виробництва та обміну

Chaque étape du développement de la bourgeoisie s'accompagnait d'une avancée politique correspondante

Кожен крок розвитку буржуазії супроводжувався відповідним політичним кроком

Une classe opprimée sous l'emprise de la noblesse féodale

Пригноблений клас під владою феодальної знаті

Une association armée et autonome dans la commune médiévale

озброєне і самоврядне об'єднання в середньовічній комуні

ici, une république urbaine indépendante (comme en Italie et en Allemagne)

тут незалежна урбаністична республіка (як в Італії та Німеччині)

là, un « tiers état » imposable de la monarchie (comme en France)

там оподатковуваний «третій стан» монархії (як у Франції)

par la suite, dans la période de fabrication proprement dite

згодом, у період виготовлення належного

la bourgeoisie servait soit la monarchie semi-féodale, soit la monarchie absolue

буржуазія служила або напівфеодальній, або абсолютній монархії

ou bien la bourgeoisie faisait contrepoids à la noblesse

або буржуазія виступала як противага дворянству

et, en fait, la bourgeoisie était une pierre angulaire des grandes monarchies en général

і, по суті, буржуазія була наріжним каменем великих монархій взагалі

mais l'industrie moderne et le marché mondial se sont établis depuis lors

але з тих пір утвердилася сучасна промисловість і світовий ринок

et la bourgeoisie s'est emparée de l'emprise politique exclusive

і буржуазія завоювала для себе виняткову політичну владу

elle a obtenu cette influence politique à travers l'État représentatif moderne

вона досягла такого політичного впливу через сучасну представницьку державу

Les exécutifs de l'État moderne ne sont qu'un comité de gestion

Виконавча влада сучасної держави є лише керівним комітетом

et ils gèrent les affaires communes de toute la bourgeoisie

і вони керують загальними справами всієї буржуазії

La bourgeoisie, historiquement, a joué un rôle des plus révolutionnaires

Буржуазія історично відігравала найбільш революційну роль

Partout où elle a pris le dessus, elle a mis fin à toutes les relations féodales, patriarcales et idylliques

Скрізь, де вона брала гору, вона ставила край усім феодальним, патріархальним та ідилічним відносинам

Elle a impitoyablement déchiré les liens féodaux hétéroclites qui liaient l'homme à ses « supérieurs naturels »

Вона безжально розірвала строкаті феодальні зв'язки, які пов'язували людину з її «природним начальством»

et il n'y a plus de lien entre l'homme et l'homme, si ce n'est l'intérêt personnel

І вона не залишила ніякого зв'язку між людиною і людиною, крім голого егоїзму

Les relations de l'homme entre eux ne sont plus qu'un « paiement en espèces » impitoyable

Відносини людей один з одним стали нічим іншим, як бездушною «грошовою оплатою»

Elle a noyé les extases les plus célestes de la ferveur religieuse

Вона заглушила найнебесніші екстази релігійного запалу

elle a noyé l'enthousiasme chevaleresque et le sentimentalisme philistin

Вона заглушила лицарський ентузіазм і обивательський сентименталізм

Il a noyé ces choses dans l'eau glacée du calcul égoïste

Вона втопила ці речі в крижаній воді егоїстичних розрахунків

Il a transformé la valeur personnelle en valeur échangeable

Вона перетворила особисту цінність на мінову вартість

elle a remplacé les innombrables et inaliénables libertés garanties par la Charte

Вона прийшла на зміну незліченним і непорушним статутним свободам

et il a mis en place une liberté unique et inadmissible ; Libre-échange

і вона встановила єдину, безсовісну свободу; Вільна торгівля

En un mot, il l'a fait pour l'exploitation

Одним словом, вона зробила це для експлуатації

Une exploitation voilée par des illusions religieuses et politiques

експлуатація, завуальована релігійними та політичними ілюзіями

l'exploitation voilée par une exploitation nue, éhontée, directe, brutale

експлуатація, завуальована голою, безсоромною, прямою, жорстокою експлуатацією

la bourgeoisie a enlevé l'auréole de toutes les occupations jusque-là honorées et vénérées

буржуазія зняла ореол з усіх раніше шанованих і шанованих занять

le médecin, l'avocat, le prêtre, le poète et l'homme de science

Лікар, законник, священик, поет і людина науки

Il a converti ces travailleurs distingués en ses travailleurs salariés

Вона перетворила цих видатних працівників на своїх найманих робітників

La bourgeoisie a déchiré le voile sentimental de la famille

Буржуазія зірвала сентиментальну завісу з сім'ї

et elle a réduit la relation familiale à une simple relation d'argent

І це звело родинні стосунки до простих грошових відносин

la brutale démonstration de vigueur au Moyen Âge que les réactionnaires admirent tant

жорстокий прояв енергійності в середні віки, яким так захоплюються реакціонери

Même cela a trouvé son complément approprié dans l'indolence la plus paresseuse

Навіть це знайшло своє гідне доповнення в самій лінивій млявості

La bourgeoisie a révélé comment tout cela s'est passé

Буржуазія розповіла, як все це сталося

La bourgeoisie a été la première à montrer ce que l'activité de l'homme peut produire

Буржуазія була першою, хто показав, до чого може призвести діяльність людини

Il a accompli des merveilles surpassant de loin les pyramides égyptiennes, les aqueducs romains et les cathédrales gothiques

Він здійснив чудеса, які набагато перевершують єгипетські піраміди, римські акведуки та готичні собори

et il a mené des expéditions qui ont mis dans l'ombre tous les anciens Exodes des nations et les croisades

і вона проводила експедиції, які відкидали в тінь всі колишні Виходи народів і хрестові походи

La bourgeoisie ne peut exister sans révolutionner sans cesse les instruments de production

Буржуазія не може існувати без постійної революції в знаряддях виробництва

et par conséquent elle ne peut exister sans ses rapports à la production

і тому вона не може існувати без своїх відносин з виробництвом

et donc elle ne peut exister sans ses relations avec la société

і тому вона не може існувати без своїх відносин з суспільством

Toutes les classes industrielles antérieures avaient une condition en commun

Всі попередні промислові класи мали одну спільну умову

Ils s'appuyaient sur la conservation des anciens modes de production

Вони робили ставку на збереження старих способів виробництва

mais la bourgeoisie a apporté avec elle une dynamique tout à fait nouvelle

але буржуазія принесла з собою абсолютно нову динаміку

Révolution constante de la production et perturbation ininterrompue de toutes les conditions sociales

Постійна революція виробництва і безперервне порушення всіх суспільних умов

cette incertitude et cette agitation perpétuelles distinguent l'époque bourgeoise de toutes les époques antérieures

ця вічна непевність і хвилювання відрізняє епоху буржуазії від усіх попередніх

Les relations antérieures avec la production s'accompagnaient de préjugés et d'opinions anciens et vénérables

Попередні відносини з виробництвом були пов'язані з давніми і поважними забобонами і думками

Mais toutes ces relations figées et figées sont balayées d'un revers de main

Але всі ці фіксовані, швидко заморожені відносини змітаються

Toutes les relations nouvellement formées deviennent archaïques avant de pouvoir s'ossifier

Всі новосформовані відносини застарівають ще до того, як встигають закостеніти

Tout ce qui est solide se fond dans l'air, et tout ce qui est saint est profané

Усе тверде плавиться в повітрі, а все святе оскверняється

L'homme est enfin forcé de faire face, avec des sens sobres, à ses conditions réelles de vie

Людина, нарешті, змушена тверезо зіткнутися зі своїми справжніми умовами життя

et il est obligé de faire face à ses relations avec les siens

І він змушений зіткнутися віч-на-віч зі своїм родом

La bourgeoisie a constamment besoin d'élargir ses marchés pour ses produits

Буржуазії постійно потрібно розширювати ринки збуту своєї продукції

et, à cause de cela, la bourgeoisie est poursuivie sur toute la surface du globe

і через це буржуазія ганяється по всій поверхні земної кулі

La bourgeoisie doit se nicher partout, s'installer partout, établir des liens partout

Буржуазія повинна скрізь гніздитися, скрізь селитися, скрізь налагоджувати зв'язки

La bourgeoisie doit créer des marchés dans tous les coins du monde pour exploiter

Буржуазія повинна створити ринки в кожному куточку світу

La production et la consommation dans tous les pays ont reçu un caractère cosmopolite

Виробництву і споживанню в кожній країні надано космополітичний характер

le chagrin des réactionnaires est palpable, mais il s'est poursuivi malgré tout

розчарування реакціонерів відчутне, але воно триває, незважаючи на

La bourgeoisie a tiré de dessous les pieds de l'industrie le terrain national sur lequel elle se trouvait

Буржуазія витягла з-під ніг промисловості національний ґрунт, на якому вона стояла

Toutes les anciennes industries nationales ont été détruites, ou sont détruites chaque jour

Всі старі вітчизняні галузі промисловості були знищені або щодня знищуються

Toutes les anciennes industries nationales sont délogées par de nouvelles industries

Всі старі національні галузі витісняються новими галузями

Leur introduction devient une question de vie ou de mort pour toutes les nations civilisées

Їх запровадження стає питанням життя і смерті для всіх цивілізованих народів

Ils sont délogés par les industries qui ne travaillent plus la matière première indigène

Їх витісняють галузі, які більше не обробляють місцеву сировину

Au lieu de cela, ces industries extraient des matières premières des zones les plus reculées

Натомість ці галузі тягнуть сировину з найвіддаленіших зон

dont les produits sont consommés, non seulement chez nous, mais dans tous les coins du monde

галузі, продукція яких споживається не тільки вдома, але і в будь-якій точці земної кулі

À la place des anciens besoins, satisfaits par les productions du pays, nous trouvons de nouveaux besoins

На зміну старим бажанням, задоволеним виробництвом країни, ми знаходимо нові бажання

Ces nouveaux besoins exigent pour leur satisfaction les produits des pays et des climats lointains

Ці нові потреби вимагають для свого задоволення продуктів далеких країн і кліматів

À la place de l'ancien isolement et de l'autosuffisance locaux et nationaux, nous avons le commerce

Замість старої місцевої та національної самітності та самодостатності ми маємо торгівлю

les échanges internationaux dans toutes les directions ; l'interdépendance universelle des nations

міжнародний обмін у всіх напрямках; універсальна взаємозалежність націй

Et de même que nous sommes dépendants des matériaux, nous sommes dépendants de la production intellectuelle

І так само, як ми залежимо від матеріалів, так і ми залежимо від інтелектуального виробництва

Les créations intellectuelles des nations individuelles deviennent la propriété commune

Інтелектуальні творіння окремих народів стають спільним надбанням

L'unilatéralité nationale et l'étroitesse d'esprit deviennent de plus en plus impossibles

Національна однобічність і обмеженість стають все більш неможливими

et des nombreuses littératures nationales et locales, surgit une littérature mondiale

А з численних національних і місцевих літератур виникає світова література

par l'amélioration rapide de tous les instruments de production

швидким удосконаленням всіх інструментів виробництва

par les moyens de communication immensément facilités

надзвичайно полегшеними засобами зв'язку

La bourgeoisie entraîne tout le monde (même les nations les plus barbares) dans la civilisation

Буржуазія втягує в цивілізацію всіх (навіть найбільш варварські нації)

Les prix bon marché de ses marchandises ; l'artillerie lourde qui abat toutes les murailles chinoises

Дешеві ціни на його товари; важка артилерія, яка руйнує всі китайські стіни

La haine obstinée des barbares contre les étrangers est forcée de capituler

Гостро вперта ненависть варварів до іноземців змушена капітулювати

Elle oblige toutes les nations, sous peine d'extinction, à adopter le mode de production bourgeois

Вона змушує всі народи під страхом зникнення прийняти буржуазний спосіб виробництва

elle les oblige à introduire ce qu'elle appelle la civilisation en leur sein

Вона змушує їх впроваджувати в своє середовище те, що вона називає цивілізацією

La bourgeoisie force les barbares à devenir eux-mêmes bourgeois

Буржуазія змушує варварів самим ставати буржуазією

en un mot, la bourgeoisie crée un monde à son image

одним словом, буржуазія створює світ за своїм образом і подобою

La bourgeoisie a soumis les campagnes à la domination des villes

Буржуазія підпорядкувала сільську місцевість владі міст

Il a créé d'énormes villes et considérablement augmenté la population urbaine

Вона створила величезні міста і значно збільшила міське населення

Il a sauvé une partie considérable de la population de l'idiotie de la vie rurale

Вона врятувала значну частину населення від ідіотизму сільського життя

mais elle a rendu les ruraux dépendants des villes

Але це зробило сільську місцевість залежною від міст

et de même, elle a rendu les pays barbares dépendants des pays civilisés

І так само це зробило варварські країни залежними від цивілізованих

nations paysannes sur nations bourgeoises, l'Orient sur Occident

нації селян на націях буржуазії, Схід на Заході

La bourgeoisie se débarrasse de plus en plus de l'éparpillement de la population

Буржуазія все більше і більше знищує розпорошений стан населення

Il a une production agglomérée et a concentré la propriété entre quelques mains

Вона має агломероване виробництво і сконцентрувала власність у кількох руках

La conséquence nécessaire de cela a été la centralisation politique

Необхідним наслідком цього стала політична централізація

Il y avait eu des nations indépendantes et des provinces vaguement reliées entre elles

існували незалежні держави і слабо пов'язані між собою провінції

Ils avaient des intérêts, des lois, des gouvernements et des systèmes d'imposition distincts

У них були окремі інтереси, закони, уряди і системи оподаткування

Mais ils ont été regroupés en une seule nation, avec un seul gouvernement

Але вони об'єдналися в один народ з одним урядом

Ils ont maintenant un intérêt de classe national, une frontière et un tarif douanier

Тепер вони мають один національний класовий інтерес, один кордон і один митний тариф

Et cet intérêt de classe national est unifié sous un seul code de loi

І цей національний класовий інтерес об'єднаний в одному зводі законів

la bourgeoisie a accompli beaucoup de choses au cours de son règne d'à peine cent ans

буржуазія багато чого досягла за час свого правління дефіцитних ста років

forces productives plus massives et plus colossales que toutes les générations précédentes réunies

більш масивні і колосальні продуктивні сили, ніж всі попередні покоління разом узяті

Les forces de la nature sont soumises à la volonté de l'homme et de ses machines

Сили природи підпорядковані волі людини та її механізмів

La chimie s'applique à toutes les formes d'industrie et à tous les types d'agriculture

Хімія застосовується до всіх форм промисловості та видів сільського господарства

la navigation à vapeur, les chemins de fer, les télégraphes électriques et l'imprimerie

пароплавство, залізниці, електричний телеграф і друкарський верстат

défrichement de continents entiers pour la culture, canalisation des rivières

розчищення цілих материків для обробітку, каналізування річок

Des populations entières ont été extirpées du sol et mises au travail

Цілі популяції були створені з-під землі і змушені працювати

Quel siècle précédent avait ne serait-ce qu'un pressentiment de ce qui pourrait être déchaîné ?

У якому попередньому столітті було передчуття того, що можна було розв'язати?

Qui aurait prédit que de telles forces productives sommeillaient dans le giron du travail social ?

Хто передбачив, що такі продуктивні сили дрімають на лоні суспільної праці?

Nous voyons donc que les moyens de production et d'échange ont été générés dans la société féodale

Отже, ми бачимо, що засоби виробництва і обміну створювалися у феодальному суспільстві

les moyens de production sur la base desquels la bourgeoisie s'est construite

засоби виробництва, на фундаменті яких будувалася буржуазія

À un certain stade du développement de ces moyens de production et d'échange

На певному етапі розвитку цих засобів виробництва і обміну

les conditions dans lesquelles la société féodale produisait et échangeait

Умови, в яких феодальне суспільство виробляло і обмінювалося

L'organisation féodale de l'agriculture et de l'industrie manufacturière

Феодальна організація сільського господарства і обробної промисловості

Les rapports féodaux de propriété n'étaient plus compatibles avec les conditions matérielles

Феодальні відносини власності вже не були сумісні з матеріальними умовами

Ils devaient être brisés, alors ils ont été brisés

Їх треба було розірвати на шматки, тому вони були розірвані на шматки

À leur place s'est ajoutée la libre concurrence des forces productives

На їх місце прийшла вільна конкуренція з боку продуктивних сил

et ils étaient accompagnés d'une constitution sociale et politique adaptée à celle-ci

і супроводжувалися соціально-політичною конституцією, пристосованою до неї

et elle s'accompagnait de l'emprise économique et politique de la classe bourgeoise

і це супроводжувалося економічним і політичним пануванням класу буржуазії

Un mouvement similaire est en train de se produire sous nos yeux

Подібний рух відбувається на наших очах

La société bourgeoise moderne avec ses rapports de production, d'échange et de propriété

Сучасне буржуазне суспільство з його виробничими відносинами, обміном і власністю

une société qui a inventé des moyens de production et d'échange aussi gigantesques

суспільство, яке створило такі гігантські засоби виробництва та обміну

C'est comme le sorcier qui a invoqué les puissances de l'au-delà

Це схоже на чаклуна, який закликав сили нижнього світу

Mais il n'est plus capable de contrôler ce qu'il a mis au monde

Але він більше не в змозі контролювати те, що приніс у світ

Pendant de nombreuses décennies, l'histoire a été liée par un fil conducteur

Протягом багатьох десятиліть минуле історія була пов'язана спільною ниткою

L'histoire de l'industrie et du commerce n'a été que l'histoire des révoltes

Історія промисловості і торгівлі була лише історією повстань

Les révoltes des forces productives modernes contre les conditions modernes de production

Повстання сучасних продуктивних сил проти сучасних умов виробництва

Les révoltes des forces productives modernes contre les rapports de propriété

Повстання сучасних продуктивних сил проти відносин власності

ces rapports de propriété sont les conditions de l'existence de la bourgeoisie

ці відносини власності є умовами існування буржуазії
et l'existence de la bourgeoisie détermine les règles des rapports de propriété
а існування буржуазії визначає правила відносин власності
Il suffit de mentionner le retour périodique des crises commerciales
Досить згадати про періодичне повернення комерційних криз
chaque crise commerciale est plus menaçante pour la société bourgeoise que la précédente
кожна комерційна криза є більш загрозливою для буржуазного суспільства, ніж попередня
Dans ces crises, une grande partie des produits existants sont détruits
У цих кризах значна частина існуючої продукції знищується
Mais ces crises détruisent aussi les forces productives créées précédemment
Але ці кризи руйнують і раніше створені продуктивні сили
Dans toutes les époques antérieures, ces épidémies auraient semblé une absurdité
У всі попередні епохи ці епідемії здавалися б абсурдом
parce que ces épidémies sont les crises commerciales de la surproduction
Тому що ці епідемії є комерційними кризами надмірного виробництва
La société se trouve soudain remise dans un état de barbarie momentanée
Суспільство раптом опиняється знову в стані миттєвого варварства
comme si une guerre universelle de dévastation avait coupé tous les moyens de subsistance
неначе всесвітня спустошлива війна відрізала всі засоби до існування

l'industrie et le commerce semblent avoir été détruits ; Et pourquoi ?

промисловість і торгівля, здається, зруйновані; А чому?

Parce qu'il y a trop de civilisation et de moyens de subsistance

Тому що занадто багато цивілізації і засобів до існування

et parce qu'il y a trop d'industrie et trop de commerce

І тому, що там занадто багато промисловості і занадто багато торгівлі

Les forces productives à la disposition de la société ne développent plus la propriété bourgeoise

Продуктивні сили, що знаходяться в розпорядженні суспільства, вже не розвивають буржуазну власність

au contraire, ils sont devenus trop puissants pour ces conditions, par lesquelles ils sont enchaînés

Навпаки, вони стали занадто потужними для цих умов, якими вони скуті

dès qu'ils surmontent ces entraves, ils mettent le désordre dans toute la société bourgeoise

як тільки вони долають ці кайдани, вони вносять безлад у все буржуазне суспільство

et les forces productives mettent en danger l'existence de la propriété bourgeoise

а продуктивні сили ставлять під загрозу існування власності буржуазії

Les conditions de la société bourgeoise sont trop étroites pour englober les richesses qu'elles créent

Умови буржуазного суспільства занадто вузькі, щоб охопити створене ними багатство

Et comment la bourgeoisie surmonte-t-elle ces crises ?

І як буржуазія долає ці кризи?

D'une part, elle surmonte ces crises par la destruction forcée d'une masse de forces productives

З одного боку, вона долає ці кризи шляхом насильницького знищення маси продуктивних сил

D'autre part, elle surmonte ces crises par la conquête de nouveaux marchés

З іншого боку, вона долає ці кризи шляхом завоювання нових ринків

et elle surmonte ces crises par l'exploitation plus poussée des anciennes forces productives

І вона долає ці кризи шляхом більш ретельного використання старих виробничих сил

C'est-à-dire en ouvrant la voie à des crises plus étendues et plus destructrices

Іншими словами, прокладаючи шлях до більш масштабних і руйнівних криз

elle surmonte la crise en diminuant les moyens de prévention des crises

Вона долає кризу, зменшуючи засоби, за допомогою яких можна запобігти кризам

Les armes avec lesquelles la bourgeoisie a abattu le féodalisme sont maintenant retournées contre elle-même

Зброя, якою буржуазія валила феодалізм дотла, тепер звернена проти неї самої

Mais non seulement la bourgeoisie a-t-elle forgé les armes qui lui apportent la mort

Але буржуазія не тільки викувала зброю, яка несе собі смерть

Il a également appelé à l'existence les hommes qui doivent manier ces armes

Вона також покликала до життя людей, які мали володіти цією зброєю

Et ces hommes sont la classe ouvrière moderne ; Ce sont les prolétaires

І ці люди є сучасним робітничим класом; Це пролетарі

À mesure que la bourgeoisie se développe, le prolétariat se développe dans la même proportion

У тій мірі, в якій розвинена буржуазія, в такій же мірі розвинений пролетаріат

La classe ouvrière moderne a développé une classe d'ouvriers

Сучасний робітничий клас сформував клас робітників

Cette classe d'ouvriers ne vit que tant qu'elle trouve du travail

Цей клас робітників живе лише до тих пір, поки знаходить роботу

et ils ne trouvent de travail qu'aussi longtemps que leur travail augmente le capital

І вони знаходять роботу лише до тих пір, поки їх праця примножує капітал

Ces ouvriers, qui doivent se vendre à la pièce, sont une marchandise

Ці робітники, які повинні продавати себе відрядно, є товаром

Ces ouvriers sont comme tous les autres articles de commerce

Ці робітники, як і будь-який інший предмет торгівлі

et, par conséquent, ils sont exposés à toutes les vicissitudes de la concurrence

і, отже, вони піддаються всім мінливостям конкуренції

Ils doivent faire face à toutes les fluctuations du marché

Їм доводиться витримувати всі коливання ринку

En raison de l'utilisation intensive des machines et de la division du travail

Завдяки широкому використанню машин і поділу праці

Le travail des prolétaires a perdu tout caractère individuel

Праця пролетарів втратила будь-який індивідуальний характер

et, par conséquent, le travail des prolétaires a perdu tout charme pour l'ouvrier

І, отже, праця пролетарів втратила будь-яку чарівність для робітника

Il devient un appendice de la machine, plutôt que l'homme qu'il était autrefois

Він стає придатком машини, а не людиною, якою він був колись

On n'exige de lui que l'habileté la plus simple, la plus monotone et la plus facile à acquérir

Від нього вимагається тільки найпростіший, одноманітний і найлегше набувається хист

Par conséquent, le coût de production d'un ouvrier est limité

Отже, вартість продукції робітника обмежена

elle se limite presque entièrement aux moyens de subsistance dont il a besoin pour son entretien

Вона майже повністю обмежена засобами існування, які йому потрібні для утримання

et elle est limitée aux moyens de subsistance dont il a besoin pour la propagation de sa race

і вона обмежена засобами до існування, які потрібні йому для розмноження свого роду

Mais le prix d'une marchandise, et par conséquent aussi du travail, est égal à son coût de production

Але ціна товару, а отже, і праці, дорівнює собівартості його виробництва

C'est pourquoi, à mesure que le travail répugnant augmente, le salaire diminue

Таким чином, пропорційно зі збільшенням відразливості роботи зменшується заробітна плата

Bien plus, le caractère répugnant de son travail augmente à un rythme encore plus grand

Ні, відразливість його творчості зростає ще більшими темпами

À mesure que l'utilisation des machines et la division du travail augmentent, le fardeau du labeur augmente également

Зі збільшенням використання машин і поділу праці зростає і тягар важкої праці

La charge de travail est augmentée par la prolongation du temps de travail

Тягар тяжкої праці збільшується за рахунок подовження робочого часу

On attend plus de l'ouvrier dans le même temps qu'auparavant

Від робітника очікують більшого за той самий час, що й раніше

Et bien sûr, le poids du labeur est augmenté par la vitesse de la machine

І, звичайно ж, тягар важкої праці збільшується за рахунок швидкості машин

L'industrie moderne a transformé le petit atelier du maître patriarcal en la grande usine du capitaliste industriel

Сучасна промисловість перетворила маленьку майстерню патріархального майстра на велику фабрику промислового капіталіста

Des masses d'ouvriers, entassés dans l'usine, s'organisent comme des soldats

Маси робітників, що скупчилися на фабриці, організовані, як солдати

En tant que simples soldats de l'armée industrielle, ils sont placés sous le commandement d'une hiérarchie parfaite d'officiers et de sergents

Як рядові промислової армії, вони підпорядковуються досконалій ієрархії офіцерів і сержантів

ils ne sont pas seulement les esclaves de la classe bourgeoise et de l'État

вони є не тільки рабами класу буржуазії і держави

Mais ils sont aussi asservis quotidiennement et d'heure en heure par la machine

Але вони також щодня і щогодини поневолені машиною

ils sont asservis par le surveillant, et surtout par le fabricant bourgeois lui-même

вони поневолені наглядачем і, перш за все, окремим буржуазним фабрикантом

Plus ce despotisme proclame ouvertement que le gain est sa fin et son but, plus il est mesquin, plus haïssable et plus aigri

Чим відвертіше цей деспотизм проголошує вигоду своєю метою і метою, чим дріб'язковіший, тим ненависніший і озлобленіший він

Plus l'industrie moderne se développe, moins les différences entre les sexes sont grandes

Чим більше розвивається сучасна промисловість, тим менше відмінностей між статями

Moins le travail manuel exige d'habileté et d'effort de force, plus le travail des hommes est supplanté par celui des femmes

Чим менше майстерність і напруга сили, притаманні ручній праці, тим більше праця чоловіків витісняється працею жінок

Les différences d'âge et de sexe n'ont plus de validité sociale distincte pour la classe ouvrière

Відмінності у віці та статі більше не мають особливого соціального значення для робітничого класу

Tous sont des instruments de travail, plus ou moins coûteux à utiliser, selon leur âge et leur sexe

Всі вони є знаряддями праці, більш-менш дорогими у використанні, відповідно до свого віку та статі

dès que l'ouvrier reçoit son salaire en espèces, il est attaqué par les autres parties de la bourgeoisie

як тільки робітник отримує свою платню готівкою, то його встановлюють інші частини буржуазії

le propriétaire, le commerçant, le prêteur sur gages, etc

орендодавець, крамар, ломбард тощо

Les couches inférieures de la classe moyenne ; les petits commerçants et les commerçants

Нижчі верстви середнього класу; дрібні торговці та крамарі

les commerçants retraités en général, et les artisans et les paysans

ремісники-пенсіонери в цілому, а також ремісники і селяни

tout cela s'enfonce peu à peu dans le prolétariat
всі вони поступово занурюються в пролетаріат

en partie parce que leur petit capital ne suffit pas à l'échelle sur laquelle l'industrie moderne est exercée
частково тому, що їх мініатюрного капіталу недостатньо для тих масштабів, в яких ведеться сучасна промисловість

et parce qu'elle est submergée par la concurrence avec les grands capitalistes
І тому, що вона загрузла в конкуренції з великими капіталістами

en partie parce que leur savoir-faire spécialisé est rendu sans valeur par les nouvelles méthodes de production
Почасти тому, що нові методи виробництва знецінюють їхню спеціалізовану майстерність

Ainsi le prolétariat se recrute dans toutes les classes de la population
Таким чином, пролетаріат набирається з усіх верств населення

Le prolétariat passe par différents stades de développement
Пролетаріат проходить різні стадії розвитку

Avec sa naissance commence sa lutte contre la bourgeoisie
З його народженням починається боротьба з буржуазією

Dans un premier temps, la lutte est menée par des ouvriers individuels
Спочатку конкурс проводиться індивідуальними робітниками

Ensuite, le concours est mené par les ouvriers d'une usine
Потім конкурс проводять робітники фабрики

Ensuite, la lutte est menée par les agents d'un métier, dans une localité
Потім конкурс проводять працівники одного промислу, в одному населеному пункті

et la lutte est alors contre la bourgeoisie individuelle qui les exploite directement

і тоді змагання йде проти окремої буржуазії, яка
безпосередньо їх експлуатує

**Ils ne dirigent pas leurs attaques contre les conditions de
production de la bourgeoisie**

Вони спрямовують свої атаки не проти буржуазних умов
виробництва

**mais ils dirigent leur attaque contre les instruments de
production eux-mêmes**

Але вони спрямовують свою атаку проти самих знарядь
виробництва

**Ils détruisent les marchandises importées qui font
concurrence à leur main-d'œuvre**

Вони знищують імпортні товари, які конкурують з їхньою
працею

Ils brisent les machines et mettent le feu aux usines

Вони розбивають на друзки техніку і підпалюють заводи

**ils cherchent à restaurer par la force le statut disparu de
l'ouvrier du Moyen Âge**

вони прагнуть силою відновити зниклий статус робітника
Середньовіччя

**À ce stade, les ouvriers forment encore une masse
incohérente dispersée dans tout le pays**

На цьому етапі робітники все ще утворюють незв'язну
масу, розкидану по всій країні

et ils sont brisés par leur concurrence mutuelle

І вони розбиті взаємною конкуренцією

**S'ils s'unissent quelque part pour former des corps plus
compacts, ce n'est pas encore la conséquence de leur propre
union active**

Якщо де-небудь вони об'єднуються, утворюючи більш
компактні тіла, то це ще не є наслідком їх власного
активного об'єднання

**mais c'est une conséquence de l'union de la bourgeoisie,
d'atteindre ses propres fins politiques**

але вона є наслідком об'єднання буржуазії для досягнення
її власних політичних цілей

la bourgeoisie est obligée de mettre en mouvement tout le prolétariat

буржуазія змушена привести в рух весь пролетаріат

et d'ailleurs, pour un temps, la bourgeoisie est capable de le faire

і більше того, на деякий час буржуазія здатна це зробити

À ce stade, les prolétaires ne combattent donc pas leurs ennemis

Тому на цьому етапі пролетарі не борються зі своїми ворогами

mais au lieu de cela, ils combattent les ennemis de leurs ennemis

Але замість цього вони борються з ворогами своїх ворогів

La lutte contre les vestiges de la monarchie absolue et les propriétaires terriens

боротьба із залишками абсолютної монархії і поміщиками

ils combattent la bourgeoisie non industrielle ; la petite bourgeoisie

вони борються з непромисловою буржуазією; дрібна буржуазія

Ainsi tout le mouvement historique est concentré entre les mains de la bourgeoisie

Таким чином, весь історичний рух зосереджений в руках буржуазії

chaque victoire ainsi obtenue est une victoire pour la bourgeoisie

кожна здобута таким чином перемога є перемогою буржуазії

Mais avec le développement de l'industrie, le prolétariat ne se contente pas d'augmenter en nombre

Але з розвитком промисловості пролетаріат не тільки збільшується в чисельності

le prolétariat se concentre en masses plus grandes et sa force s'accroît

Пролетаріат концентрується у великих масах, і його сила зростає

et le prolétariat ressent de plus en plus cette force

і пролетаріат все більше і більше відчуває цю силу

Les divers intérêts et conditions de vie dans les rangs du prolétariat sont de plus en plus égalisés

Різні інтереси і умови життя в рядах пролетаріату все більше зрівнюються

elles deviennent plus proportionnelles à mesure que les machines effacent toutes les distinctions de travail

Вони стають все більш пропорційними в міру того, як машини стирають всі відмінності в праці

et les machines réduisent presque partout les salaires au même bas niveau

І машинобудування майже повсюдно знижує заробітну плату до такого ж низького рівня

La concurrence croissante entre la bourgeoisie et les crises commerciales qui en résultent rendent les salaires des ouvriers de plus en plus fluctuants

Зростаюча конкуренція серед буржуазії і пов'язані з нею комерційні кризи призводять до того, що заробітна плата робітників стає все більш коливається

L'amélioration incessante des machines, qui se développe de plus en plus rapidement, rend leurs moyens d'existence de plus en plus précaires

Невпинне вдосконалення машин, що все швидше розвивається, робить їх існування все більш і більш нестабільним

les collisions entre les ouvriers individuels et la bourgeoisie individuelle prennent de plus en plus le caractère de collisions entre deux classes

зіткнення між окремими робітниками і окремою буржуазією все більше і більше набувають характеру зіткнень між двома класами

Là-dessus, les ouvriers commencent à former des associations (syndicats) contre la bourgeoisie

Після цього робітники починають створювати об'єднання (профспілки) проти буржуазії

Ils s'associent pour maintenir le taux des salaires

Вони об'єднуються, щоб підтримувати рівень заробітної плати

Ils fondèrent des associations permanentes afin de pourvoir à l'avance à ces révoltes occasionnelles

Вони заснували постійні об'єднання, щоб заздалегідь подбати про ці випадкові повстання

Ici et là, la lutte éclate en émeutes

То тут, то там змагання переростає в заворушення

De temps en temps, les ouvriers sont victorieux, mais seulement pour un temps

Час від часу робітники перемагають, але лише на деякий час

Le vrai fruit de leurs luttes n'est pas dans le résultat immédiat, mais dans l'union toujours plus grande des travailleurs

Справжні плоди їх боротьби полягають не в негайному результаті, а в постійно зростаючій профспілці робітників

Cette union est favorisée par les moyens de communication améliorés créés par l'industrie moderne

Цьому союзу сприяють удосконалені засоби зв'язку, створені сучасною промисловістю

La communication moderne met en contact les travailleurs de différentes localités les uns avec les autres

Сучасний зв'язок змушує працівників різних населених пунктів контактувати один з одним

C'était précisément ce contact qui était nécessaire pour centraliser les nombreuses luttes locales en une lutte nationale entre les classes

Саме цей контакт був потрібен, щоб централізувати численні місцеві змагання в єдину національну боротьбу між класами

Toutes ces luttes sont du même caractère, et toute lutte de classe est une lutte politique

Всі ці види боротьби мають однаковий характер, і будь-яка класова боротьба є політичною боротьбою

les bourgeois du moyen âge, avec leurs misérables routes, mettaient des siècles à former leurs syndicats

міщани середньовіччя з їхніми жалюгідними магістралями потребували століть, щоб утворити свої союзи

Les prolétaires modernes, grâce aux chemins de fer, réalisent leurs syndicats en quelques années

Сучасні пролетарі, завдяки залізницям, досягають своїх союзів протягом декількох років

Cette organisation des prolétaires en classe les a donc formés en parti politique

Ця організація пролетарів у клас згодом сформувала з них політичну партію

La classe politique est continuellement bouleversée par la concurrence entre les travailleurs eux-mêmes

Політичний клас знову засмучує конкуренція між самими робітниками

Mais la classe politique continue de se soulever, plus forte, plus ferme, plus puissante

Але політичний клас продовжує підніматися знову, сильніше, міцніше, могутніше

Elle oblige la législation à reconnaître les intérêts particuliers des travailleurs

Це змушує законодавчо визнавати особливі інтереси трудящих

il le fait en profitant des divisions au sein de la bourgeoisie elle-même

вона робить це, користуючись розбіжностями між самою буржуазією

C'est ainsi qu'en Angleterre fut promulguée la loi sur les dix heures

Таким чином, в Англії був прийнятий законопроект про 10 годин

à bien des égards, les collisions entre les classes de l'ancienne société sont en outre le cours du développement du prolétariat

багато в чому зіткнення між класами старого суспільства є подальшим ходом розвитку пролетаріату

La bourgeoisie se trouve engagée dans une bataille de tous les instants

Буржуазія виявляється втягнутою в постійну боротьбу

Dans un premier temps, il se trouvera impliqué dans une bataille constante avec l'aristocratie

Спочатку вона виявиться втягнутою в постійну боротьбу з аристократією

plus tard, elle se trouvera engagée dans une lutte constante avec ces parties de la bourgeoisie elle-même

пізніше вона виявиться втягнутою в постійну боротьбу з тими частинами самої буржуазії

et leurs intérêts seront devenus antagonistes au progrès de l'industrie

і їхні інтереси стануть антагоністичними до прогресу промисловості

à tout moment, leurs intérêts seront devenus antagonistes avec la bourgeoisie des pays étrangers

У всі часи їхні інтереси ставали антагоністичними з буржуазією чужих країн

Dans toutes ces batailles, elle se voit obligée de faire appel au prolétariat et lui demande son aide

У всіх цих битвах вона вважає себе змушеною звернутися до пролетаріату і просить його допомоги

Et ainsi, il se sentira obligé de l'entraîner dans l'arène politique

І таким чином вона відчує себе змушеною витягнути її на політичну арену

C'est pourquoi la bourgeoisie elle-même fournit au prolétariat ses propres instruments d'éducation politique et générale

Буржуазія, таким чином, постачає пролетаріат власними знаряддями політичного і загального виховання

c'est-à-dire qu'il fournit au prolétariat des armes pour combattre la bourgeoisie

іншими словами, вона постачає пролетаріат зброєю для боротьби з буржуазією

De plus, comme nous l'avons déjà vu, des sections entières des classes dominantes sont précipitées dans le prolétariat

Далі, як ми вже бачили, цілі верстви правлячих класів витісняються в пролетаріат

le progrès de l'industrie les aspire dans le prolétariat

розвиток промисловості засмоктує їх у пролетаріат

ou, du moins, ils sont menacés dans leurs conditions d'existence

або, принаймні, їм загрожує небезпека в умовах свого існування

Ceux-ci fournissent également au prolétariat de nouveaux éléments d'illumination et de progrès

Вони також постачають пролетаріат свіжими елементами просвітництва і прогресу

Enfin, à l'approche de l'heure décisive de la lutte des classes

Нарешті, в часи, коли класова боротьба наближається до вирішальної години

le processus de dissolution en cours au sein de la classe dirigeante

процес розпаду, що відбувається всередині правлячого класу

En fait, la dissolution en cours au sein de la classe dirigeante se fera sentir dans toute la société

Фактично розпад, що відбувається всередині правлячого класу, буде відчутний у всьому суспільстві

Il prendra un caractère si violent et si flagrant qu'une petite partie de la classe dirigeante se laissera aller à la dérive

Вона набуде такого жорстокого, кричущого характеру, що невелика частина правлячого класу відірветься від неї

et que la classe dirigeante rejoindra la classe révolutionnaire

І цей правлячий клас приєднається до революційного класу

La classe révolutionnaire étant la classe qui tient l'avenir entre ses mains

Революційний клас - це клас, який тримає майбутнє в своїх руках

Comme à une époque antérieure, une partie de la noblesse passa dans la bourgeoisie

Так само, як і в більш ранній період, частина дворянства перейшла до буржуазії

de la même manière qu'une partie de la bourgeoisie passera au prolétariat

так само частина буржуазії перейде до пролетаріату

en particulier, une partie de la bourgeoisie passera à une partie des idéologues de la bourgeoisie

зокрема, частина буржуазії перейде до частини ідеологів буржуазії

Des idéologues bourgeois qui se sont élevés au niveau de la compréhension théorique du mouvement historique dans son ensemble

ідеологи буржуазії, які піднялися до рівня теоретичного осмислення історичного руху в цілому

De toutes les classes qui se trouvent aujourd'hui en face de la bourgeoisie, seule le prolétariat est une classe vraiment révolutionnaire

З усіх класів, які стоять сьогодні віч-на-віч з буржуазією, тільки пролетаріат є справді революційним класом

Les autres classes se dégradent et finissent par disparaître devant l'industrie moderne

Інші класи занепадають і, нарешті, зникають перед обличчям сучасної промисловості

le prolétariat est son produit spécial et essentiel

Пролетаріат є його особливим і необхідним продуктом

La petite bourgeoisie, le petit industriel, le commerçant, l'artisan, le paysan

Нижчий середній клас, дрібний фабрикант, крамар, ремісник, селянин

toutes ces luttes contre la bourgeoisie

всі вони борються з буржуазією

Ils se battent en tant que fractions de la classe moyenne pour se sauver de l'extinction

Вони борються як фракції середнього класу, щоб врятувати себе від вимирання

Ils ne sont donc pas révolutionnaires, mais conservateurs

Тому вони не революційні, а консервативні

Bien plus, ils sont réactionnaires, car ils essaient de faire reculer la roue de l'histoire

Більше того, вони реакційні, бо намагаються відкотити колесо історії назад

Si par hasard ils sont révolutionnaires, ils ne le sont qu'en vue de leur transfert imminent dans le prolétariat

Якщо випадково вони революційні, то тільки з огляду на майбутній перехід до пролетаріату

Ils défendent ainsi non pas leurs intérêts présents, mais leurs intérêts futurs

Таким чином, вони захищають не свої теперішні, а майбутні інтереси

ils désertent leur propre point de vue pour se placer à celui du prolétariat

вони відмовляються від власної точки зору, щоб поставити себе на позицію пролетаріату

La « classe dangereuse », la racaille sociale, cette masse en décomposition passive rejetée par les couches les plus basses de la vieille société

«Небезпечний клас», соціальні покидьки, ця пасивно гнила маса, скинута найнижчими верствами старого суспільства

Ils peuvent, ici et là, être entraînés dans le mouvement par une révolution prolétarienne

То тут, то там вони можуть бути втягнуті в рух пролетарською революцією

Ses conditions de vie, cependant, le préparent beaucoup plus au rôle d'instrument soudoyé de l'intrigue réactionnaire

Однак умови її життя набагато більше готують її до ролі підкупленого знаряддя реакційних інтриг

Dans les conditions du prolétariat, ceux de l'ancienne société dans son ensemble sont déjà virtuellement submergés

В умовах пролетаріату старе суспільство в цілому вже практично затоплене

Le prolétaire est sans propriété

Пролетар без власності

ses rapports avec sa femme et ses enfants n'ont plus rien de commun avec les relations familiales de la bourgeoisie

його стосунки з дружиною і дітьми вже не мають нічого спільного з родинними стосунками буржуазії

le travail industriel moderne, la sujétion moderne au capital, la même en Angleterre qu'en France, en Amérique comme en Allemagne

сучасна індустріальна праця, сучасне підпорядкування капіталу, те ж саме в Англії, як у Франції, так і в Америці, як і в Німеччині

Sa condition dans la société l'a dépouillé de toute trace de caractère national

Його становище в суспільстві позбавило його будь-яких слідів національного характеру

La loi, la morale, la religion, sont pour lui autant de préjugés bourgeois

Право, мораль, релігія є для нього багатьма буржуазними забобонами

et derrière ces préjugés se cachent en embuscade autant d'intérêts bourgeois

і за цими забобонами ховаються в засідці так само, як і за інтересами буржуазії

Toutes les classes précédentes, qui ont pris le dessus, ont cherché à fortifier leur statut déjà acquis

Всі попередні класи, які взяли гору, прагнули зміцнити свій вже набутий статус

Ils l'ont fait en soumettant la société dans son ensemble à leurs conditions d'appropriation

Вони робили це, підкоряючи суспільство в цілому своїм умовам привласнення

Les prolétaires ne peuvent pas devenir maîtres des forces productives de la société

Пролетарі не можуть стати господарями продуктивних сил суспільства

elle ne peut le faire qu'en abolissant son propre mode d'appropriation antérieur

Вона може зробити це, лише скасувавши свій власний попередній спосіб привласнення

et par là même elle abolit tout autre mode d'appropriation antérieur

і тим самим скасовує будь-який інший попередній спосіб привласнення

Ils n'ont rien à eux pour s'assurer et se fortifier

У них немає нічого свого, щоб забезпечити і зміцнити

Leur mission est de détruire toutes les sûretés antérieures et les assurances de biens individuels

Їхня місія полягає в тому, щоб знищити всі попередні цінні папери та страхування індивідуального майна

Tous les mouvements historiques antérieurs étaient des mouvements de minorités

Всі попередні історичні рухи були рухами меншин

ou bien il s'agissait de mouvements dans l'intérêt des minorités

або це були рухи в інтересах меншин

Le mouvement prolétarien est le mouvement conscient et indépendant de l'immense majorité

Пролетарський рух - це самосвідомий, незалежний рух величезної більшості

Et c'est un mouvement dans l'intérêt de l'immense majorité

І це рух в інтересах величезної більшості

Le prolétariat, couche la plus basse de notre société actuelle

Пролетаріат, найнижчий прошарок сучасного суспільства

elle ne peut ni s'agiter ni s'élever sans que toutes les couches supérieures de la société officielle ne soient soulevées en l'air

Вона не може здійнятися чи піднятися без того, щоб у повітря не піднялися всі надрівні верстви офіційного суспільства

Loin d'être dans le fond, mais dans la forme, la lutte du prolétariat contre la bourgeoisie est d'abord une lutte nationale

Хоч і не по суті, але за формою, боротьба пролетаріату з буржуазією спочатку є національною боротьбою

Le prolétariat de chaque pays doit, bien entendu, régler d'abord ses affaires avec sa propre bourgeoisie

Пролетаріат кожної країни повинен, звичайно, перш за все залагоджувати справи зі своєю буржуазією

En décrivant les phases les plus générales du développement du prolétariat, nous avons retracé la guerre civile plus ou moins voilée

Зображуючи найзагальніші фази розвитку пролетаріату, ми простежували більш-менш завуальовану громадянську війну

Ce civil fait rage au sein de la société existante

Ця громадянська вирує в існуючому суспільстві

Elle fera rage jusqu'au point où cette guerre éclatera en révolution ouverte

Вона лютуватиме до того моменту, поки ця війна не переросте у відкриту революцію

et alors le renversement violent de la bourgeoisie jette les bases de l'emprise du prolétariat

і тоді насильницьке повалення буржуазії закладає основу для панування пролетаріату

Jusqu'à présent, toute forme de société a été fondée, comme nous l'avons déjà vu, sur l'antagonisme des classes oppressives et opprimées

Досі будь-яка форма суспільства ґрунтувалася, як ми вже бачили, на антагонізмі пригноблених і пригноблених класів

Mais pour opprimer une classe, il faut lui assurer certaines conditions

Але для того, щоб пригнобити клас, йому повинні бути забезпечені певні умови

La classe doit être maintenue dans des conditions dans lesquelles elle peut, au moins, continuer son existence servile

Клас повинен утримуватися в умовах, в яких він може принаймні продовжувати своє рабське існування

Le serf, à l'époque du servage, s'élevait lui-même au rang d'adhérent à la commune

Кріпак в період кріпацтва піднявся до членства в комуні

de même que la petite bourgeoisie, sous le joug de l'absolutisme féodal, a réussi à se développer en bourgeoisie

так само, як дрібна буржуазія під гнітом феодального абсолютизму зуміла перетворитися на буржуазію

L'ouvrier moderne, au contraire, au lieu de s'élever avec les progrès de l'industrie, s'enfonce de plus en plus profondément

Сучасний робітник, навпаки, замість того, щоб підніматися разом з прогресом промисловості, занурюється все глибше і глибше

il s'enfonce au-dessous des conditions d'existence de sa propre classe

Він опускається нижче умов існування власного класу

Il devient pauvre, et le paupérisme se développe plus rapidement que la population et la richesse

Він стає жебраком, і пауперизм розвивається швидше, ніж населення і багатство

Et c'est là qu'il devient évident que la bourgeoisie n'est plus apte à être la classe dominante dans la société

І тут стає очевидним, що буржуазія вже непридатна для того, щоб бути панівним класом у суспільстві

et elle n'est pas digne d'imposer ses conditions d'existence à la société comme une loi prépondérante

І він непридатний нав'язувати суспільству свої умови існування як найвищий закон

Il est inapte à gouverner parce qu'il est incompétent pour assurer une existence à son esclave dans son esclavage

Вона непридатна до правління, тому що вона неспроможна забезпечити існування своєму рабові в його рабстві

parce qu'il ne peut s'empêcher de le laisser sombrer dans un tel état, qu'il doit le nourrir, au lieu d'être nourri par lui

Тому що вона не може не допустити, щоб вона занурилася в такий стан, що вона повинна її годувати, а не годувати нею

La société ne peut plus vivre sous cette bourgeoisie

Суспільство вже не може жити під владою цієї буржуазії

En d'autres termes, son existence n'est plus compatible avec la société

Іншими словами, його існування вже не сумісне з суспільством

La condition essentielle de l'existence et de l'influence de la classe bourgeoise est la formation et l'accroissement du capital

Необхідною умовою існування і панування класу буржуазії є формування і примноження капіталу

La condition du capital, c'est le salariat-travail

Умовою капіталу є наймана праця

Le travail salarié repose exclusivement sur la concurrence entre les travailleurs

Наймана праця ґрунтується виключно на конкуренції між робітниками

Le progrès de l'industrie, dont le promoteur involontaire est la bourgeoisie, remplace l'isolement des ouvriers

Прогрес промисловості, мимовільним поштовхом якої є буржуазія, замінює ізоляцію робітників

en raison de la concurrence, en raison de leur combinaison révolutionnaire, en raison de l'association

завдяки конкуренції, завдяки їх революційному поєднанню, завдяки асоціаціям

Le développement de l'industrie moderne lui coupe sous les pieds les fondements mêmes sur lesquels la bourgeoisie produit et s'approprie les produits

Розвиток сучасної промисловості вириває з-під ніг той самий фундамент, на якому буржуазія виробляє і привласнює продукцію

Ce que la bourgeoisie produit avant tout, ce sont ses propres fossoyeurs

Буржуазія виробляє, перш за все, власних могильників

La chute de la bourgeoisie et la victoire du prolétariat sont également inévitables

Падіння буржуазії і перемога пролетаріату однаково неминучі

Prolétaires et communistes
Пролетарі і комуністи

Quel est le rapport des communistes vis-à-vis de l'ensemble des prolétaires ?
У якому відношенні комуністи ставляться до пролетарів в цілому?

Les communistes ne forment pas un parti séparé opposé aux autres partis de la classe ouvrière
Комуністи не утворюють окремої партії, що протистоїть іншим партіям робітничого класу

Ils n'ont pas d'intérêts séparés de ceux du prolétariat dans son ensemble
У них немає інтересів, відокремлених і відокремлених від інтересів пролетаріату в цілому

Ils n'établissent pas de principes sectaires qui leur soient propres pour façonner et modeler le mouvement prolétarien
Вони не встановлюють жодних власних сектантських принципів, за допомогою яких можна було б формувати і формувати пролетарський рух

Les communistes ne se distinguent des autres partis ouvriers que par deux choses
Комуністів відрізняють від інших робітничих партій лише дві речі

Premièrement, ils signalent et mettent en avant les intérêts communs de l'ensemble du prolétariat, indépendamment de toute nationalité
По-перше, вони вказують і виносять на перший план спільні інтереси всього пролетаріату, незалежно від будь-якої національності

C'est ce qu'ils font dans les luttes nationales des prolétaires des différents pays
Це вони роблять у національній боротьбі пролетарів різних країн

Deuxièmement, ils représentent toujours et partout les intérêts du mouvement dans son ensemble

По-друге, вони завжди і скрізь представляють інтереси
руху в цілому

**c'est ce qu'ils font dans les différents stades de
développement par lesquels doit passer la lutte de la classe
ouvrière contre la bourgeoisie**

це вони роблять на різних стадіях розвитку, через які
повинна пройти боротьба робітничого класу проти
буржуазії

**Les communistes sont donc, d'une part, pratiquement, la
section la plus avancée et la plus résolue des partis ouvriers
de tous les pays**

Таким чином, комуністи, з одного боку, практично є
найбільш розвиненою і рішучою частиною робітничих
партій будь-якої країни

**Ils sont cette section de la classe ouvrière qui pousse en
avant toutes les autres**

Вони є тією частиною робітничого класу, яка виштовхує
вперед всіх інших

**Théoriquement, ils ont aussi l'avantage de bien comprendre
la ligne de marche**

Теоретично вони також мають перевагу в тому, що чітко
розуміють лінію маршу

**C'est ce qu'ils comprennent mieux par rapport à la grande
masse du prolétariat**

Це вони розуміють краще в порівнянні з величезною
масою пролетаріату

**Ils comprennent les conditions et les résultats généraux
ultimes du mouvement prolétarien**

Вони розуміють умови і кінцеві загальні результати
пролетарського руху

**Le but immédiat du Parti communiste est le même que celui
de tous les autres partis prolétariens**

Безпосередня мета комуністичної партії така ж, як і всіх
інших пролетарських партій

Leur but est la formation du prolétariat en classe

Їх мета - формування пролетаріату в клас

ils visent à renverser la suprématie de la bourgeoisie

вони мають на меті повалити панування буржуазії

la conquête du pouvoir politique par le prolétariat

прагнення до завоювання політичної влади пролетаріатом

Les conclusions théoriques des communistes ne sont nullement basées sur des idées ou des principes de réformateurs

Теоретичні висновки комуністів жодним чином не ґрунтуються на ідеях чи принципах реформаторів

ce ne sont pas des prétendus réformateurs universels qui ont inventé ou découvert les conclusions théoriques des communistes

не майбутні універсальні реформатори винайшли і не відкрили теоретичні висновки комуністів

Ils ne font qu'exprimer, en termes généraux, des rapports réels qui naissent d'une lutte de classe existante

Вони лише в загальних рисах виражають дійсні відносини, що випливають з існуючої класової боротьби

Et ils décrivent le mouvement historique qui se déroule sous nos yeux et qui a créé cette lutte des classes

І вони описують історичний рух, що відбувався на наших очах і породив цю класову боротьбу

L'abolition des rapports de propriété existants n'est pas du tout un trait distinctif du communisme

Скасування існуючих відносин власності зовсім не є відмінною рисою комунізму

Dans le passé, toutes les relations de propriété ont été continuellement sujettes à des changements historiques

Всі відносини власності в минулому постійно піддавалися історичним змінам

et ces changements ont été consécutifs au changement des conditions historiques

І ці зміни були наслідком зміни історичних умов

La Révolution française, par exemple, a aboli la propriété féodale au profit de la propriété bourgeoise

Французька революція, наприклад, скасувала феодальну власність на користь власності буржуазії

Le trait distinctif du communisme n'est pas l'abolition de la propriété, en général

Відмінною рисою комунізму є не знищення власності в цілому

mais le trait distinctif du communisme, c'est l'abolition de la propriété bourgeoise

але відмінною рисою комунізму є скасування буржуазної власності

Mais la propriété privée de la bourgeoisie moderne est l'expression ultime et la plus complète du système de production et d'appropriation des produits

Але сучасна буржуазна приватна власність є остаточним і найбільш повним вираженням системи виробництва і привласнення продукції

C'est l'état final d'un système basé sur les antagonismes de classe, où l'antagonisme de classe est l'exploitation du plus grand nombre par quelques-uns

Це остаточний стан системи, заснованої на класових антагонізмах, де класовий антагонізм є експлуатацією багатьох небагатьма

En ce sens, la théorie des communistes peut se résumer en une seule phrase ; l'abolition de la propriété privée

У цьому сенсі теорію комуністів можна підсумувати одним реченням; Скасування приватної власності

On nous a reproché, à nous communistes, de vouloir abolir le droit d'acquérir personnellement des biens

Нам, комуністам, дорікали бажанням скасувати право особисто набувати власність

On prétend que cette propriété est le fruit du travail de l'homme

Стверджується, що ця власність є плодом власної праці людини

et cette propriété est censée être le fondement de toute liberté, de toute activité et de toute indépendance individuelles.

І ця власність нібито є основою всієї особистої свободи, активності та незалежності.

« Propriété durement gagnée, auto-acquise, auto-gagnée ! »

«Важко завойоване, власноруч нажите майно!»

Voulez-vous dire la propriété du petit artisan et du petit paysan ?

Ви маєте на увазі майно дрібного ремісника і дрібного селянина?

Voulez-vous parler d'une forme de propriété qui a précédé la forme bourgeoise ?

Ви маєте на увазі форму власності, яка передувала буржуазній?

Il n'est pas nécessaire de l'abolir, le développement de l'industrie l'a déjà détruit dans une large mesure

Скасовувати це не потрібно, розвиток промисловості значною мірою вже зруйнував її

et le développement de l'industrie continue de la détruire chaque jour

А розвиток промисловості досі руйнує її щодня

Ou voulez-vous parler de la propriété privée de la bourgeoisie moderne ?

Чи ви маєте на увазі сучасну буржуазію, приватну власність?

Mais le travail salarié crée-t-il une propriété pour l'ouvrier ?

Але чи створює наймана праця якусь власність для робітника?

Non, le travail salarié ne crée pas une parcelle de ce genre de propriété !

Ні, наймана праця не створює ні крихти такої власності!

Ce que le travail salarié crée, c'est du capital ; ce genre de propriété qui exploite le travail salarié

те, що створює наймана праця, є капіталом; Така власність, яка експлуатує найману працю

Le capital ne peut s'accroître qu'à la condition d'engendrer une nouvelle offre de travail salarié pour une nouvelle exploitation

Капітал не може зростати інакше, як за умови створення нової пропозиції найманої праці для нової експлуатації

La propriété, dans sa forme actuelle, est fondée sur l'antagonisme du capital et du salariat

Власність в її нинішньому вигляді заснована на антагонізмі капіталу і найманої праці

Examinons les deux côtés de cet antagonisme

Розглянемо обидві сторони цього антагонізму

Être capitaliste, ce n'est pas seulement avoir un statut purement personnel

Бути капіталістом - значить мати не тільки суто особистий статус

Au contraire, être capitaliste, c'est aussi avoir un statut social dans la production

Натомість, бути капіталістом означає також мати соціальний статус у виробництві

parce que le capital est un produit collectif ; Ce n'est que par l'action unie de nombreux membres qu'elle peut être mise en branle

тому що капітал є колективним продуктом; Тільки спільними діями багатьох членів вона може бути приведена в рух

Mais cette action unie n'est qu'un dernier recours, et nécessite en fait tous les membres de la société

Але ця об'єднана дія є крайнім заходом і фактично вимагає всіх членів суспільства

Le capital est converti en propriété de tous les membres de la société

Капітал перетворюється на власність усіх членів суспільства

mais le Capital n'est donc pas une puissance personnelle ; c'est un pouvoir social

але Капітал, отже, не є особистою силою; Це соціальна
сила

**Ainsi, lorsque le capital est converti en propriété sociale, la
propriété personnelle n'est pas pour autant transformée en
propriété sociale**

Отже, коли капітал перетворюється на суспільну власність,
особиста власність тим самим не перетворюється на
суспільну власність

**Ce n'est que le caractère social de la propriété qui est
modifié et qui perd son caractère de classe**

Змінюється лише соціальний характер власності, яка
втрачає свій класовий характер

Regardons maintenant le travail salarié

Розглянемо тепер найману працю

**Le prix moyen du salariat est le salaire minimum, c'est-à-dire
le quantum des moyens de subsistance**

Середня ціна найманої праці - це мінімальна заробітна
плата, т. Е. Величина засобів існування

**Ce salaire est absolument nécessaire dans la simple
existence d'un ouvrier**

Ця заробітна плата абсолютно необхідна для існування
робітника

**Ce que le salarié s'approprie par son travail ne suffit donc
qu'à prolonger et à reproduire une existence nue**

Отже, того, що найманий робітник привласнює своєю
працею, достатньо лише для того, щоб продовжити і
відтворити голе існування

**Nous n'avons nullement l'intention d'abolir cette
appropriation personnelle des produits du travail**

Ми ні в якому разі не маємо наміру скасовувати це
особисте привласнення продуктів праці

**une appropriation qui est faite pour le maintien et la
reproduction de la vie humaine**

асигнування, яке робиться для підтримки та відтворення
людського життя

Une telle appropriation personnelle des produits du travail ne laisse pas de surplus pour commander le travail d'autrui

Таке особисте привласнення продуктів праці не залишає надлишку, за допомогою якого можна було б керувати працею інших

Tout ce que nous voulons supprimer, c'est le caractère misérable de cette appropriation

Все, що ми хочемо покінчити, це жалюгідний характер цього привласнення

l'appropriation dont vit l'ouvrier dans le seul but d'augmenter son capital

привласнення, за яким робітник живе лише для того, щоб примножити капітал

Il n'est autorisé à vivre que dans la mesure où l'intérêt de la classe dominante l'exige

Йому дозволено жити лише в тій мірі, в якій цього вимагають інтереси правлячого класу

Dans la société bourgeoise, le travail vivant n'est qu'un moyen d'augmenter le travail accumulé

У буржуазному суспільстві жива праця є лише засобом збільшення нагромадженої праці

Dans la société communiste, le travail accumulé n'est qu'un moyen d'élargir, d'enrichir, de promouvoir l'existence de l'ouvrier

У комуністичному суспільстві нагромаджена праця є лише засобом розширення, збагачення, сприяння існуванню робітника

C'est pourquoi, dans la société bourgeoise, le passé domine le présent

Тому в буржуазному суспільстві минуле домінує над сьогоденням

dans la société communiste, le présent domine le passé

в комуністичному суспільстві сьогодення домінує над минулим

Dans la société bourgeoise, le capital est indépendant et a une individualité

У буржуазному суспільстві капітал незалежний і має індивідуальність

Dans la société bourgeoise, la personne vivante est dépendante et n'a pas d'individualité

У буржуазному суспільстві жива людина залежна і не має індивідуальності

Et l'abolition de cet état de choses est appelée par la bourgeoisie l'abolition de l'individualité et de la liberté !

І скасування такого стану речей буржуазія називає скасуванням індивідуальності і свободи!

Et c'est à juste titre qu'on l'appelle l'abolition de l'individualité et de la liberté !

І це по праву називають скасуванням індивідуальності і свободи!

Le communisme vise à l'abolition de l'individualité bourgeoise

Комунізм прагне знищити буржуазну індивідуальність

Le communisme veut l'abolition de l'indépendance de la bourgeoisie

Комунізм має намір скасувати незалежність буржуазії

La liberté de la bourgeoisie est sans aucun doute ce que vise le communisme

Свобода буржуазії, безсумнівно, є тим, до чого прагне комунізм

dans les conditions actuelles de production de la bourgeoisie, la liberté signifie le libre-échange, la liberté de vendre et d'acheter

в сучасних умовах виробництва буржуазії свобода означає вільну торгівлю, вільний продаж і купівлю

Mais si la vente et l'achat disparaissent, la vente et l'achat gratuits disparaissent également

Але якщо зникає продаж і купівля, зникає і вільний продаж і купівля

Les « paroles courageuses » de la bourgeoisie sur la vente et l'achat libres n'ont qu'un sens limité

«Сміливі слова» буржуазії про вільну купівлю мають значення лише в обмеженому значенні

Ces mots n'ont de sens que par opposition à la vente et à l'achat restreints

Ці слова мають значення лише на відміну від обмеженого продажу та купівлі

et ces mots n'ont de sens que lorsqu'ils s'appliquent aux marchands enchaînés du moyen âge

і ці слова мають значення лише тоді, коли застосовуються до закутих у кайдани торговців Середньовіччя

et cela suppose que ces mots aient même un sens dans un sens bourgeois

і це припускає, що ці слова навіть мають значення в буржуазному сенсі

mais ces mots n'ont aucun sens lorsqu'ils sont utilisés pour s'opposer à l'abolition communiste de l'achat et de la vente

але ці слова не мають ніякого значення, коли вони використовуються для протистояння комуністичному скасуванню купівлі-продажу

les mots n'ont pas de sens lorsqu'ils sont utilisés pour s'opposer à l'abolition des conditions de production de la bourgeoisie

ці слова не мають ніякого значення, коли вони використовуються для протистояння скасуванню буржуазних умов виробництва

et ils n'ont aucun sens lorsqu'ils sont utilisés pour s'opposer à l'abolition de la bourgeoisie elle-même

і вони не мають ніякого сенсу, коли використовуються для того, щоб виступити проти скасування самої буржуазії

Vous êtes horrifiés par notre intention d'en finir avec la propriété privée

Ви в жаху від того, що ми маємо намір покінчити з приватною власністю

Mais dans votre société actuelle, la propriété privée est déjà abolie pour les neuf dixièmes de la population

Але в нинішньому суспільстві з приватною власністю вже покінчено дев'ять десятих населення

L'existence d'une propriété privée pour quelques-uns est uniquement due à sa non-existence entre les mains des neuf dixièmes de la population

Існування приватної власності для небагатьох пов'язане виключно з її відсутністю в руках дев'яти десятих населення

Vous nous reprochez donc d'avoir l'intention de supprimer une forme de propriété

Отже, ви дорікаєте нам у тому, що ми маємо намір покінчити з якоюсь власністю

Mais la propriété privée nécessite l'inexistence de toute propriété pour l'immense majorité de la société

Але приватна власність зумовлює необхідність відсутності будь-якої власності для переважної більшості суспільства

En un mot, vous nous reprochez d'avoir l'intention de vous débarrasser de vos biens

Одним словом, ви дорікаєте нам у тому, що ми маємо намір покінчити з вашим майном

Et c'est précisément le cas ; se débarrasser de votre propriété est exactement ce que nous avons l'intention de faire

І це саме так; Покінчити з вашим Майном – це саме те, що ми маємо намір

À partir du moment où le travail ne peut plus être converti en capital, en argent ou en rente

З того моменту, коли праця вже не може бути перетворена ні в капітал, ні в гроші, ні в ренту

quand le travail ne peut plus être converti en un pouvoir social monopolisé

коли праця вже не може бути перетворена на соціальну силу, здатну до монополізації

à partir du moment où la propriété individuelle ne peut plus être transformée en propriété bourgeoise

з того моменту, коли індивідуальна власність вже не може бути перетворена на власність буржуазії

à partir du moment où la propriété individuelle ne peut plus être transformée en capital

з того моменту, коли індивідуальна власність вже не може бути перетворена в капітал

À partir de ce moment-là, vous dites que l'individualité s'évanouit

З цього моменту ви говорите, що індивідуальність зникає

Vous devez donc avouer que par « individu » vous n'entendez personne d'autre que la bourgeoisie

Отже, ви повинні визнати, що під словом «індивідуум» ви маєте на увазі не що інше, як буржуазію

Vous devez avouer qu'il s'agit spécifiquement du propriétaire de la classe moyenne

Погодьтеся, йдеться саме про власника майна середнього класу

Cette personne doit, en effet, être balayée et rendue impossible

Справді, цю людину треба змести з дороги і зробити неможливою

Le communisme ne prive personne du pouvoir de s'approprier les produits de la société

Комунізм не позбавляє жодну людину можливості привласнювати продукти суспільства

tout ce que fait le communisme, c'est de le priver du pouvoir de subjuguer le travail d'autrui au moyen d'une telle appropriation

все, що робить комунізм, це позбавляє його можливості підкоряти собі чужу працю за допомогою такого привласнення

On a objecté qu'avec l'abolition de la propriété privée, tout travail cesserait

Було висловлено заперечення, що після скасування приватної власності будь-яка робота припиниться

et il est alors suggéré que la paresse universelle nous rattrapera

І тоді висловлюється припущення, що нас наздожене загальна лінь

D'après cela, il y a longtemps que la société bourgeoise aurait dû aller aux chiens par pure oisiveté

Згідно з цим, буржуазне суспільство вже давно повинно було піти на собак через суцільне неробство

parce que ceux de ses membres qui travaillent, n'acquièrent rien

Тому що ті з її членів, які працюють, нічого не набувають

et ceux de ses membres qui acquièrent quoi que ce soit, ne travaillent pas

А ті з її членів, які щось набувають, не працюють

L'ensemble de cette objection n'est qu'une autre expression de la tautologie

Все це заперечення є лише ще одним виразом тавтології

Il ne peut plus y avoir de travail salarié quand il n'y a plus de capital

Більше не може бути ніякої найманої праці, коли вже немає капіталу

Il n'y a pas de différence entre les produits matériels et les produits mentaux

Немає різниці між матеріальними і ментальними продуктами

Le communisme propose que les deux soient produits de la même manière

Комунізм припускає, що і те, і інше виробляється однаково

mais les objections contre les modes communistes de production sont les mêmes

але заперечення проти комуністичних способів їх виробництва ті самі

pour la bourgeoisie, la disparition de la propriété de classe est la disparition de la production elle-même

для буржуазії зникнення класової власності - це зникнення самого виробництва

Ainsi, la disparition de la culture de classe est pour lui identique à la disparition de toute culture

Отже, зникнення класової культури для нього тотожне зникненню всієї культури

Cette culture, dont il déplore la perte, n'est pour l'immense majorité qu'un simple entraînement à agir comme une machine

Ця культура, втрата якої він оплакує, для переважної більшості є простим навчанням діяти як машина

Les communistes ont bien l'intention d'abolir la culture de la propriété bourgeoise

Комуністи мають намір знищити культуру буржуазної власності

Mais ne vous querellez pas avec nous tant que vous appliquez les normes de vos notions bourgeoises de liberté, de culture, de droit, etc

Але не сперечайтеся з нами, поки ви застосовуєте стандарти своїх буржуазних уявлень про свободу, культуру, право тощо

Vos idées mêmes ne sont que le résultat des conditions de votre production bourgeoise et de la propriété bourgeoise

Самі ваші ідеї є лише наслідком умов вашого буржуазного виробництва і буржуазної власності

de même que votre jurisprudence n'est que la volonté de votre classe érigée en loi pour tous

Так само, як ваша юриспруденція є лише волею вашого класу, перетвореною на закон для всіх

Le caractère essentiel et l'orientation de cette volonté sont déterminés par les conditions économiques créées par votre classe sociale

Сутнісний характер і спрямованість цієї волі визначаються економічними умовами, які створює ваш соціальний клас

L'idée fausse égoïste qui vous pousse à transformer les formes sociales en lois éternelles de la nature et de la raison

Егоїстична помилка, яка спонукає вас перетворювати соціальні форми на вічні закони природи та розуму

les formes sociales qui découlent de votre mode de production et de votre forme de propriété actuels

суспільні форми, що випливають з нинішнього способу виробництва і форми власності

des rapports historiques qui naissent et disparaissent dans le progrès de la production

історичні зв'язки, що виникають і зникають у процесі виробництва

cette idée fausse que vous partagez avec toutes les classes dirigeantes qui vous ont précédés

Цю хибну думку ви поділяєте з кожним правлячим класом, який був до вас

Ce que vous voyez clairement dans le cas de la propriété ancienne, ce que vous admettez dans le cas de la propriété féodale

Те, що ви ясно бачите у випадку стародавньої власності, що ви визнаєте у випадку з феодальною власністю

ces choses, il vous est bien entendu interdit de les admettre dans le cas de votre propre forme de propriété bourgeoise

ці речі вам, звичайно, заборонено визнавати у випадку вашої власної буржуазної форми власності

Abolition de la famille ! Même les plus radicaux s'enflamment devant cette infâme proposition des communistes

Скасування сім'ї! Навіть найрадикальніші спалахують від цієї сумнозвісної пропозиції комуністів

Sur quelle base se fonde la famille actuelle, la famille bourgeoise ?

На якому фундаменті ґрунтується нинішня сім'я, сім'я буржуазії?

La fondation de la famille actuelle est basée sur le capital et le gain privé

Основа нинішньої сім'ї ґрунтується на капіталі та приватній вигоді

Sous sa forme complètement développée, cette famille n'existe que dans la bourgeoisie

У цілком розвиненому вигляді це сімейство існує тільки у буржуазії

Cet état de choses trouve son complément dans l'absence pratique de la famille chez les prolétaires

Такий стан речей знаходить своє доповнення в практичній відсутності сім'ї у пролетарів

Cet état de choses se retrouve dans la prostitution publique

Такий стан речей можна зустріти в публічній проституції

La famille bourgeoise disparaîtra d'office quand son effectif disparaîtra

Буржуазна сім'я зникне як само собою зрозуміле, коли зникне її доповнення

et l'une et l'autre s'évanouiront avec la disparition du capital

І обидві вони зникнуть зі зникненням капіталу

Nous accusez-vous de vouloir mettre fin à l'exploitation des enfants par leurs parents ?

Ви звинувачуєте нас у бажанні зупинити експлуатацію дітей їхніми батьками?

Nous plaidons coupables de ce crime

У цьому злочині ми визнаємо себе винними

Mais, direz-vous, on détruit les relations les plus sacrées, quand on remplace l'éducation à domicile par l'éducation sociale

Але, скажете ви, ми руйнуємо найсвятіші відносини, коли замінюємо домашнє виховання соціальним вихованням

Votre éducation n'est-elle pas aussi sociale ? Et n'est-elle pas déterminée par les conditions sociales dans lesquelles vous éduquez ?

Ваша освіта не також соціальна? І хіба це не визначається соціальними умовами, в яких ви виховуєтеся?

par l'intervention, directe ou indirecte, de la société, par le biais de l'école, etc.

шляхом втручання, прямого чи опосередкованого, суспільства, за допомогою шкіл тощо.

Les communistes n'ont pas inventé l'intervention de la société dans l'éducation

Комуністи не винайшли втручання суспільства в освіту
**ils ne cherchent qu'à modifier le caractère de cette
intervention**
Вони лише прагнуть змінити характер цього втручання
**et ils cherchent à sauver l'éducation de l'influence de la
classe dirigeante**
І вони прагнуть врятувати освіту від впливу правлячого
класу
**La bourgeoisie parle de la relation sacrée du parent et de
l'enfant**
Буржуазія говорить про священні стосунки батьків і дітей
**mais ce baratin sur la famille et l'éducation devient d'autant
plus répugnant quand on regarde l'industrie moderne**
але ця балаканина про сім'ю та освіту стає ще огиднішою,
коли ми дивимося на сучасну індустрію
**Tous les liens familiaux entre les prolétaires sont déchirés
par l'industrie moderne**
Всі родинні зв'язки пролетарів розриваються сучасною
промисловістю
**Leurs enfants sont transformés en simples objets de
commerce et en instruments de travail**
Їхні діти перетворюються на прості предмети торгівлі та
знаряддя праці
**Mais vous, communistes, vous créeriez une communauté de
femmes, crie en chœur toute la bourgeoisie**
Але ви, комуністи, створили б спільноту жінок, кричить
хором уся буржуазія
**La bourgeoisie ne voit en sa femme qu'un instrument de
production**
Буржуазія бачить у своїй дружині лише знаряддя
виробництва
**Il entend dire que les instruments de production doivent
être exploités par tous**
Він чує, що знаряддя виробництва повинні
використовуватися всіма

et, naturellement, il ne peut arriver à aucune autre conclusion que celle d'être commun à tous retombera également sur les femmes

I, природно, він не може прийти до іншого висновку, крім того, що доля бути спільним для всіх також випаде жінкам

Il ne soupçonne même pas qu'il s'agit en fait d'en finir avec le statut de la femme en tant que simple instrument de production

Він навіть не підозрює, що справжня мета полягає в тому, щоб покінчити зі статусом жінки як простого знаряддя виробництва

Du reste, rien n'est plus ridicule que l'indignation vertueuse de notre bourgeoisie contre la communauté des femmes

Для решти немає нічого безглуздішого, ніж доброчесне обурення нашої буржуазії спільнотою жінок

ils prétendent qu'elle doit être établie ouvertement et officiellement par les communistes

вони вдають, що вона має бути відкрито і офіційно встановлена комуністами

Les communistes n'ont pas besoin d'introduire la communauté des femmes, elle existe depuis des temps immémoriaux

У комуністів немає потреби запроваджувати жіночу спільноту, вона існувала майже з незапам'ятних часів

Notre bourgeoisie ne se contente pas d'avoir à sa disposition les femmes et les filles de ses prolétaires

Наша буржуазія не задовольняється тим, що має в своєму розпорядженні дружин і дочок своїх пролетарів

Ils prennent le plus grand plaisir à séduire les femmes de l'autre

Найбільше задоволення вони отримують, спокушаючи дружин один одного

Et cela ne parle même pas des prostituées ordinaires

I це вже не кажучи про звичайних повій

Le mariage bourgeois est en réalité un système d'épouses en commun

Буржуазний шлюб насправді є системою спільних дружин

puis il y a une chose qu'on pourrait peut-être reprocher aux communistes

Крім того, є одна річ, в якій комуністам можна дорікнути

Ils souhaitent introduire une communauté de femmes ouvertement légalisée

Вони хочуть запровадити відверто легалізовану спільноту жінок

plutôt qu'une communauté de femmes hypocritement dissimulée

а не лицемірно прихована спільнота жінок

la communauté des femmes issues du système de production

Спільнота жінок, що випливає з системи виробництва

Abolissez le système de production, et vous abolissez la communauté des femmes

Скасуйте систему виробництва, і ви знищите спільноту жінок

La prostitution publique est abolie et la prostitution privée

Скасовується як публічна проституція, так і приватна

On reproche en outre aux communistes de vouloir abolir les pays et les nationalités

Комуністам ще більше дорікають у прагненні скасувати країни та національність

Les travailleurs n'ont pas de patrie, nous ne pouvons donc pas leur prendre ce qu'ils n'ont pas

Трудящі не мають батьківщини, тому ми не можемо відібрати у них те, чого вони не отримали

Le prolétariat doit d'abord acquérir la suprématie politique

Пролетаріат повинен перш за все придбати політичне панування

Le prolétariat doit s'élever pour être la classe dirigeante de la nation

Пролетаріат повинен стати провідним класом нації

Le prolétariat doit se constituer en nation

Пролетаріат повинен становити націю

elle est, jusqu'à présent, elle-même nationale, mais pas dans le sens bourgeois du mot

вона поки що сама по собі національна, хоча й не в буржуазному розумінні цього слова

Les différences nationales et les antagonismes entre les peuples s'estompent chaque jour davantage

Національні відмінності і антагонізми між народами з кожним днем все більше і більше зникають

grâce au développement de la bourgeoisie, à la liberté du commerce, au marché mondial

завдяки розвитку буржуазії, свободі торгівлі, світовому ринку

à l'uniformité du mode de production et des conditions de vie qui y correspondent

до одноманітності в способі виробництва і в відповідних йому умовах життя

La suprématie du prolétariat les fera disparaître encore plus vite

Панування пролетаріату призведе до того, що вони зникнуть ще швидше

L'action unie, du moins dans les principaux pays civilisés, est une des premières conditions de l'émancipation du prolétariat

Об'єднані дії, принаймні провідних цивілізованих країн, є однією з перших умов емансипації пролетаріату

Dans la mesure où l'exploitation d'un individu par un autre prendra fin, l'exploitation d'une nation par une autre prendra également fin à

У тій мірі, в якій буде покладено край експлуатації однієї нації іншою, буде покладено край експлуатації однієї нації іншою

À mesure que l'antagonisme entre les classes à l'intérieur de la nation disparaîtra, l'hostilité d'une nation envers une autre prendra fin

У міру того, як зникає антагонізм між класами всередині нації, ворожість однієї нації до іншої припиняється

Les accusations portées contre le communisme d'un point de vue religieux, philosophique et, en général, idéologique, ne méritent pas d'être examinées sérieusement

Звинувачення проти комунізму, висунуті з релігійної, філософської і, взагалі, ідеологічної точки зору, не заслуговують серйозного розгляду

Faut-il une intuition profonde pour comprendre que les idées, les vues et les conceptions de l'homme changent à chaque changement dans les conditions de son existence matérielle ?

Чи потрібна глибока інтуїція, щоб збагнути, що ідеї, погляди та концепції людини змінюються з кожною зміною умов її матеріального існування?

N'est-il pas évident que la conscience de l'homme change lorsque ses relations sociales et sa vie sociale changent ?

Хіба не очевидно, що свідомість людини змінюється при зміні її суспільних відносин і суспільного життя?

Qu'est-ce que l'histoire des idées prouve d'autre, sinon que la production intellectuelle change de caractère à mesure que la production matérielle se modifie ?

Що ще доводить історія ідей, як не те, що інтелектуальне виробництво змінює свій характер пропорційно до того, як змінюється матеріальне виробництво?

Les idées dominantes de chaque époque ont toujours été les idées de sa classe dirigeante

Правлячими ідеями кожної епохи завжди були ідеї її правлячого класу

Quand on parle d'idées qui révolutionnent la société, on n'exprime qu'un seul fait

Коли люди говорять про ідеї, які революціонізують суспільство, вони висловлюють лише один факт

Au sein de l'ancienne société, les éléments d'une nouvelle société ont été créés

У старому суспільстві створені елементи нового

et que la dissolution des vieilles idées va de pair avec la dissolution des anciennes conditions d'existence

і що розчинення старих ідей йде в ногу з розчиненням
старих умов існування

**Lorsque le monde antique était dans ses dernières affresses,
les anciennes religions ont été vaincues par le christianisme**

Коли стародавній світ переживав останні муки, стародавні
релігії були переможені християнством

**Lorsque les idées chrétiennes ont succombé au XVIIIe siècle
aux idées rationalistes, la société féodale a mené une bataille
à mort contre la bourgeoisie alors révolutionnaire**

Коли в XVIII столітті християнські ідеї піддалися
раціоналістичним ідеям, феодальне суспільство вступило в
смертельну боротьбу з революційною на той час
буржуазією

**Les idées de liberté religieuse et de liberté de conscience
n'ont fait qu'exprimer l'emprise de la libre concurrence dans
le domaine de la connaissance**

Ідеї релігійної свободи і свободи совісті лише виражали
вплив вільної конкуренції в області знань

**« Sans doute, dira-t-on, les idées religieuses, morales,
philosophiques et juridiques ont été modifiées au cours du
développement historique »**

«Безсумнівно, - скажуть вони, - релігійні, моральні,
філософські та правові ідеї видозмінювалися в ході
історичного розвитку»

**Mais la religion, la morale, la philosophie, la science
politique et le droit ont constamment survécu à ce
changement.**

«Але релігія, філософія моралі, політологія і право
постійно переживали цю зміну»

**« Il y a aussi des vérités éternelles, telles que la Liberté, la
Justice, etc. »**

«Є також вічні істини, такі як Свобода, Справедливість
тощо»

**« Ces vérités éternelles sont communes à tous les états de la
société »**

"Ці вічні істини є спільними для всіх станів суспільства"

« Mais le communisme abolit les vérités éternelles, il abolit toute religion et toute morale »

«Але комунізм скасовує вічні істини, він скасовує будь-яку релігію і всю мораль»

« il fait cela au lieu de les constituer sur une nouvelle base »

«Вона робить це замість того, щоб конституювати їх на новій основі»

« Elle agit donc en contradiction avec toute l'expérience historique passée »

«Отже, вона діє всупереч усьому минулому історичному досвіду»

À quoi se réduit cette accusation ?

До чого зводиться це звинувачення?

L'histoire de toute la société passée a consisté dans le développement d'antagonismes de classe

Історія всього минулого суспільства полягала в розвитку класових антагонізмів

antagonismes qui ont pris des formes différentes selon les époques

антагонізми, які в різні епохи набували різних форм

Mais quelle que soit la forme qu'ils aient prise, un fait est commun à tous les âges passés

Але яку б форму вони не приймали, один факт є спільним для всіх минулих віків

l'exploitation d'une partie de la société par l'autre

експлуатація однієї частини суспільства іншою

Il n'est donc pas étonnant que la conscience sociale des âges passés se meuve à l'intérieur de certaines formes communes ou d'idées générales

Тож не дивно, що суспільна свідомість минулих епох рухається в межах певних загальних форм, загальних уявлень

(et ce, malgré toute la multiplicité et la variété qu'il affiche)

(і це незважаючи на всю множинність і різноманітність, яку він демонструє)

et ceux-ci ne peuvent disparaître complètement qu'avec la disparition totale des antagonismes de classe

І вони не можуть повністю зникнути інакше, як з повним зникненням класових антагонізмів

La révolution communiste est la rupture la plus radicale avec les rapports de propriété traditionnels

Комуністична революція є найрадикальнішим розривом традиційних відносин власності

Il n'est donc pas étonnant que son développement implique la rupture la plus radicale avec les idées traditionnelles

Не дивно, що її розвиток пов'язаний з найрадикальнішим розривом з традиційними уявленнями

Mais finissons-en avec les objections de la bourgeoisie contre le communisme

Але покінчимо з буржуазними запереченнями проти комунізму

Nous avons vu plus haut le premier pas de la révolution de la classe ouvrière

Вище ми бачили перший крок робітничого класу в революції

Le prolétariat doit être élevé à la position de dirigeant, pour gagner la bataille de la démocratie

Пролетаріат повинен бути піднятий до правлячого становища, щоб виграти битву за демократію

Le prolétariat usera de sa suprématie politique pour arracher peu à peu tout le capital à la bourgeoisie

Пролетаріат буде використовувати своє політичне панування, щоб поступово вирвати весь капітал у буржуазії

elle centralisera tous les instruments de production entre les mains de l'État

він централізує всі знаряддя виробництва в руках держави

En d'autres termes, le prolétariat s'est organisé en classe dominante

Іншими словами, пролетаріат організувався як панівний клас

et elle augmentera le plus rapidement possible le total des forces productives

І це дозволить максимально швидко збільшити сукупність продуктивних сил

Bien sûr, au début, cela ne peut se faire qu'au moyen d'incursions despotiques dans les droits de propriété

Звичайно, на початку цього не можна досягти інакше, як за допомогою деспотичних посягань на права власності

et elle doit être réalisée dans les conditions de la production bourgeoise

і це має бути досягнуто на умовах буржуазного виробництва

Elle est donc réalisée au moyen de mesures qui semblent économiquement insuffisantes et intenables

Тому вона досягається за допомогою заходів, які виявляються економічно недостатніми і неспроможними

mais ces moyens, dans le cours du mouvement, se dépassent d'eux-mêmes

Але ці засоби в ході руху випереджають самі себе

elles nécessitent de nouvelles incursions dans l'ancien ordre social

Вони зумовлюють необхідність подальшого втручання в старий суспільний лад

et ils sont inévitables comme moyen de révolutionner entièrement le mode de production

і вони неминучі як засіб цілковитої революції в способі виробництва

Ces mesures seront bien sûr différentes selon les pays

Звичайно, ці заходи будуть різними в різних країнах

Néanmoins, dans les pays les plus avancés, ce qui suit sera assez généralement applicable

Тим не менш, у найбільш розвинених країнах наступне буде досить загальнозастосовним

1. L'abolition de la propriété foncière et l'affectation de toutes les rentes foncières à des fins publiques.

1. Скасування власності на землю і застосування всіх земельних рент на суспільні потреби.

2. Un impôt sur le revenu progressif ou progressif lourd.

2. Великий прогресивний або градуйований прибутковий податок.

3. Abolition de tout droit d'héritage.

3. Скасування будь-якого права на спадщину.

4. Confiscation des biens de tous les émigrés et rebelles.

4. Конфіскація майна всіх емігрантів і бунтівників.

5. Centralisation du crédit entre les mains de l'État, au moyen d'une banque nationale à capital d'État et monopole exclusif.

5. Централізація кредиту в руках держави за допомогою національного банку з державним капіталом і виключною монополією.

6. Centralisation des moyens de communication et de transport entre les mains de l'État.

6. Централізація засобів зв'язку і транспорту в руках держави.

7. Extension des usines et des instruments de production appartenant à l'État

7. Розширення фабрик і знарядь виробництва, що належать державі

la mise en culture des terres incultes, et l'amélioration du sol en général d'après un plan commun.

залучення в обробіток пустирів і поліпшення ґрунту в цілому відповідно до загального плану.

8. Responsabilité égale de tous vis-à-vis du travail

8. Рівна відповідальність усіх перед працею

Mise en place d'armées industrielles, notamment pour l'agriculture.

Створення промислових армій, особливо для сільського господарства.

9. Combinaison de l'agriculture et des industries manufacturières

9. Поєднання сільського господарства з обробною промисловістю

l'abolition progressive de la distinction entre la ville et la campagne, par une répartition plus égale de la population sur le territoire.

поступове скасування відмінностей між містом і селом шляхом більш рівномірного розподілу населення по країні.

10. Gratuité de l'éducation pour tous les enfants dans les écoles publiques.

10. Безкоштовна освіта для всіх дітей у державних школах.

Abolition du travail des enfants dans les usines sous sa forme actuelle

Скасування дитячої фабричної праці в її нинішньому вигляді

Combinaison de l'éducation et de la production industrielle

Поєднання освіти з промисловим виробництвом

Quand, au cours du développement, les distinctions de classe ont disparu

Коли в процесі розвитку класові відмінності зникали

et quand toute la production aura été concentrée entre les mains d'une vaste association de toute la nation

і коли все виробництво було зосереджено в руках величезного об'єднання цілого народу

alors la puissance publique perdra son caractère politique

Тоді публічна влада втратить свій політичний характер

Le pouvoir politique, proprement dit, n'est que le pouvoir organisé d'une classe pour en opprimer une autre

Політична влада, власне так називається, є лише організованою владою одного класу для пригноблення іншого

Si le prolétariat, dans sa lutte contre la bourgeoisie, est contraint, par la force des choses, de s'organiser en classe

Якщо пролетаріат під час змагання з буржуазією змушений силою обставин організуватися як клас

si, par une révolution, elle se fait la classe dominante

Якщо за допомогою революції вона зробить себе панівним класом

et, en tant que telle, elle balaie par la force les anciennes conditions de production

І, як така, вона силою змітає старі умови виробництва

alors, avec ces conditions, elle aura balayé les conditions d'existence des antagonismes de classes et des classes en général

Тоді вона, разом з цими умовами, змете умови існування класових антагонізмів і класів взагалі

et aura ainsi aboli sa propre suprématie en tant que classe.

і, таким чином, скасує своє власне верховенство як класу.

A la place de l'ancienne société bourgeoise, avec ses classes et ses antagonismes de classes, nous aurons une association

На зміну старому буржуазному суспільству з його класами і класовими антагонізмами ми отримаємо асоціацію

une association dans laquelle le libre développement de chacun est la condition du libre développement de tous

об'єднання, в якому вільний розвиток кожного є умовою вільного розвитку всіх

1) Le socialisme réactionnaire
1) Реакційний соціалізм

a) Le socialisme féodal
a) Феодальний соціалізм

les aristocraties de France et d'Angleterre avaient une position historique unique
аристократії Франції та Англії мали унікальне історичне становище

c'est devenu leur vocation d'écrire des pamphlets contre la société bourgeoise moderne
Їхнім покликанням стало написання памфлетів проти сучасного буржуазного суспільства

Dans la révolution française de juillet 1830 et dans l'agitation réformiste anglaise
У Французькій революції липня 1830 р. і в англійській реформаторській агітації

Ces aristocraties succombèrent de nouveau à l'odieux parvenu
Ці аристократії знову піддалися ненависному вискочці

Dès lors, il n'était plus question d'une lutte politique sérieuse
Відтоді про серйозну політичну боротьбу взагалі не могло бути й мови

Tout ce qui restait possible, c'était une bataille littéraire, pas une véritable bataille
Все, що залишалося можливим, це літературна битва, а не справжня битва

Mais même dans le domaine de la littérature, les vieux cris de la période de la restauration étaient devenus impossibles
Але навіть у царині літератури старі крики періоду Реставрації стали неможливими

Pour s'attirer la sympathie, l'aristocratie était obligée de perdre de vue, semble-t-il, ses propres intérêts

Щоб викликати симпатію, аристократія була змушена випустити з поля зору, мабуть, власні інтереси

et ils ont été obligés de formuler leur réquisitoire contre la bourgeoisie dans l'intérêt de la classe ouvrière exploitée

і вони були зобов'язані сформулювати своє обвинувачення проти буржуазії в інтересах експлуатованого робітничого класу

C'est ainsi que l'aristocratie prit sa revanche en chantant des pamphlets sur son nouveau maître

Таким чином, аристократія помстилася, оспівавши свого нового господаря світильниками

et ils prirent leur revanche en lui murmurant à l'oreille de sinistres prophéties de catastrophe à venir

І вони помстилися, нашіптуючи йому на вухо зловісні пророцтва про прийдешню катастрофу

C'est ainsi qu'est né le socialisme féodal : moitié lamentation, moitié moquerie

Так виник феодальний соціалізм: наполовину плач, наполовину наклеп

Il sonnait comme un demi-écho du passé, et projetait une demi-menace de l'avenir

Він дзвенів як наполовину відлуння минулого, а наполовину проектував загрозу майбутнього

parfois, par sa critique acerbe, spirituelle et incisive, il frappait la bourgeoisie au plus profond de lui-même

часом своєю гострою, дотепною і гострою критикою вона вражала буржуазію до глибини душі

mais elle a toujours été ridicule dans son effet, par l'incapacité totale de comprendre la marche de l'histoire moderne

Але вона завжди була безглуздою за своїм впливом, через цілковиту нездатність осягнути хід новітньої історії

L'aristocratie, pour rallier le peuple à elle, agitait le sac d'aumône prolétarien en guise de bannière

Аристократія, щоб згуртувати народ до себе, розмахувала пролетарською милостинею перед прапором

Mais le peuple, toutes les fois qu'il se joignait à lui, voyait sur son arrière-train les anciennes armoiries féodales

Але народ так часто, як тільки він приєднувався до нього, бачив на своїх задніх кінцівках старі феодальні герби

et ils désertèrent avec des rires bruyants et irrévérencieux

І вони дезертирували з гучним і нешанобливим сміхом

Une partie des légitimistes français et de la « Jeune Angleterre » offrit ce spectacle

Одна з секцій французьких легітимістів і «Молода Англія» демонструвала це видовище

les féodaux ont fait remarquer que leur mode d'exploitation était différent de celui de la bourgeoisie

феодали вказували на те, що їх спосіб експлуатації відрізняється від буржуазії

Les féodaux oublient qu'ils ont exploité dans des circonstances et des conditions tout à fait différentes

Феодали забувають, що вони експлуатували в зовсім інших обставинах і умовах

Et ils n'ont pas remarqué que de telles méthodes d'exploitation sont maintenant désuètes

І вони не помітили, що такі методи експлуатації вже застаріли

Ils ont montré que, sous leur domination, le prolétariat moderne n'a jamais existé

Вони показали, що при їх правлінні сучасного пролетаріату ніколи не існувало

mais ils oublient que la bourgeoisie moderne est le produit nécessaire de leur propre forme de société

але вони забувають, що сучасна буржуазія є необхідним нащадком їх власної форми суспільства

Pour le reste, ils dissimulent à peine le caractère réactionnaire de leur critique

В іншому вони навряд чи приховують реакційний характер своєї критики

Leur principale accusation contre la bourgeoisie se résume à ceci

їх головне звинувачення на адресу буржуазії зводиться до наступного

sous le régime bourgeois, une classe sociale se développe

при буржуазному режимі формується соціальний клас

Cette classe sociale est destinée à découper de fond en comble l'ancien ordre de la société

Цьому соціальному класу судилося викорінити і розгалужити старий суспільний лад

Ce qu'ils reprochent à la bourgeoisie, ce n'est pas tant qu'elle crée un prolétariat

Вони докоряють буржуазії не стільки тим, що вона створює пролетаріат

ce qu'ils reprochent à la bourgeoisie, c'est plutôt de créer un prolétariat révolutionnaire

Вони докоряють буржуазії тим більше, що вона створює революційний пролетаріат

Dans la pratique politique, ils se joignent donc à toutes les mesures coercitives contre la classe ouvrière

Тому в політичній практиці вони приєднуються до всіх примусових заходів проти робітничого класу

Et dans la vie ordinaire, malgré leurs phrases hautaines, ils s'abaissent à ramasser les pommes d'or tombées de l'arbre de l'industrie

І в звичайному житті, незважаючи на свої високі фрази, вони нахиляються, щоб підняти золоті яблука, що впали з дерева промисловості

et ils troquent la vérité, l'amour et l'honneur contre le commerce de la laine, du sucre de betterave et de l'eau-de-vie de pommes de terre

І вони обмінюють правду, любов і честь на торгівлю вовною, буряковим цукром і картопляними спиртними напоями

De même que le pasteur a toujours marché main dans la main avec le propriétaire foncier, il en a été de même du socialisme clérical et du socialisme féodal

Як парсон завжди йшов рука об руку з поміщиком, так і клерикальний соціалізм з феодальним соціалізмом

Rien n'est plus facile que de donner à l'ascétisme chrétien une teinte socialiste

Немає нічого простішого, ніж надати християнському аскетизму соціалістичного відтінку

Le christianisme n'a-t-il pas déclamé contre la propriété privée, contre le mariage, contre l'État ?

Хіба християнство не виступало проти приватної власності, проти шлюбу, проти держави?

Le christianisme n'a-t-il pas prêché à la place de la charité et de la pauvreté ?

Хіба християнство не проповідувало замість них милосердя і бідності?

Le christianisme ne prêche-t-il pas le célibat et la mortification de la chair, de la vie monastique et de l'Église mère ?

Хіба християнство не проповідує целібат і умертвіння плоті, чернече життя і Матір-Церкву?

Le socialisme chrétien n'est que l'eau bénite avec laquelle le prêtre consacre les brûlures du cœur de l'aristocrate

Християнський соціалізм – це лише свята вода, якою священик освячує палаючі серця аристократа

b) Le socialisme petit-bourgeois
б) дрібнобуржуазний соціалізм

L'aristocratie féodale n'est pas la seule classe ruinée par la bourgeoisie
Феодальна аристократія була не єдиним класом, який був розорений буржуазією
ce n'était pas la seule classe dont les conditions d'existence languissaient et périssaient dans l'atmosphère de la société bourgeoise moderne
це був не єдиний клас, умови існування якого загинули і загинули в атмосфері сучасного буржуазного суспільства
Les bourgeois médiévaux et les petits propriétaires paysans ont été les précurseurs de la bourgeoisie moderne
Середньовічні міщани і дрібні селяни-власники були попередниками сучасної буржуазії
Dans les pays peu développés, tant au point de vue industriel que commercial, ces deux classes végètent encore côte à côte
У тих країнах, які мало розвинені в індустріальному і комерційному плані, ці два класи все ще живуть поруч
et pendant ce temps, la bourgeoisie se lève à côté d'eux : industriellement, commercialement et politiquement
а тим часом поряд з ними повстає буржуазія: і промислова, і комерційна, і політична
Dans les pays où la civilisation moderne s'est pleinement développée, une nouvelle classe de petite bourgeoisie s'est formée
У країнах, де сучасна цивілізація стала всебічно розвиненою, сформувався новий клас дрібної буржуазії
cette nouvelle classe sociale oscille entre le prolétariat et la bourgeoisie
цей новий соціальний клас коливається між пролетаріатом і буржуазією
et elle se renouvelle sans cesse en tant que partie supplémentaire de la société bourgeoise

і вона постійно відновлюється як додаткова частина
буржуазного суспільства

**Cependant, les membres individuels de cette classe sont
constamment précipités dans le prolétariat**

Окремі представники цього класу, однак, постійно
кидаються в пролетаріат

**ils sont aspirés par le prolétariat par l'action de la
concurrence**

Вони всмоктуються пролетаріатом через конкуренцію

**Au fur et à mesure que l'industrie moderne se développe, ils
voient même approcher le moment où ils disparaîtront
complètement en tant que section indépendante de la société
moderne**

У міру розвитку сучасної промисловості вони навіть бачать
наближення моменту, коли вони повністю зникнуть як
самостійна частина сучасного суспільства

**ils seront remplacés, dans les manufactures, l'agriculture et
le commerce, par des surveillants, des huissiers et des
boutiquiers**

На зміну їм у виробництві, сільському господарстві та
торгівлі прийдуть наглядачі, судові пристави та крамарі

**Dans des pays comme la France, où les paysans représentent
bien plus de la moitié de la population**

У таких країнах, як Франція, де селяни становлять набагато
більше половини населення

**il était naturel qu'il y ait des écrivains qui se rangent du côté
du prolétariat contre la bourgeoisie**

природно, що є письменники, які стали на бік
пролетаріату проти буржуазії

**dans leur critique du régime bourgeois, ils utilisaient
l'étendard de la bourgeoisie paysanne et de la petite
bourgeoisie**

у своїй критиці буржуазного режиму вони
використовували прапор селянської і дрібної буржуазії

**et, du point de vue de ces classes intermédiaires, ils
prennent le relais de la classe ouvrière**

І з точки зору цих проміжних класів вони беруть на себе відповідальність за робітничий клас

C'est ainsi qu'est né le socialisme petit-bourgeois, dont Sismondi était le chef de cette école, non seulement en France, mais aussi en Angleterre

Так виник дрібнобуржуазний соціалізм, главою якого був Сісмонді не тільки у Франції, але і в Англії

Cette école du socialisme a disséqué avec une grande acuité les contradictions des conditions de la production moderne

Ця школа соціалізму з великою гостротою препарувала протиріччя в умовах сучасного виробництва

Cette école a mis à nu les excuses hypocrites des économistes

Ця школа викрила лицемірні вибачення економістів

Cette école prouva sans conteste les effets désastreux du machinisme et de la division du travail

Ця школа незаперечно довела згубні наслідки машин і поділу праці

elle prouvait la concentration du capital et de la terre entre quelques mains

Це довело концентрацію капіталу і землі в небагатьох руках

elle a prouvé comment la surproduction conduit à des crises bourgeoises

доведено, як перевиробництво призводить до буржуазних криз

il soulignait la ruine inévitable de la petite bourgeoisie et des paysans

вона вказувала на неминучу загибель дрібної буржуазії і селянина

la misère du prolétariat, l'anarchie de la production, les inégalités criantes dans la répartition des richesses

злидні пролетаріату, анархія у виробництві, кричуща нерівність у розподілі багатства

Il a montré comment le système de production mène la guerre industrielle d'extermination entre les nations

Вона показала, як система виробництва веде промислову війну на винищення між націями

la dissolution des vieux liens moraux, des vieilles relations familiales, des vieilles nationalités

Розпад старих моральних уз, старих сімейних відносин, старих народностей

Dans ses objectifs positifs, cependant, cette forme de socialisme aspire à réaliser l'une des deux choses suivantes

Однак у своїх позитивних цілях ця форма соціалізму прагне досягти однієї з двох речей

soit elle vise à restaurer les anciens moyens de production et d'échange

або він спрямований на відновлення старих засобів виробництва та обміну

et avec les anciens moyens de production, elle rétablirait les anciens rapports de propriété et l'ancienne société

А зі старими засобами виробництва вона відновила б старі відносини власності і старе суспільство

ou bien elle vise à enfermer les moyens modernes de production et d'échange dans l'ancien cadre des rapports de propriété

або вона має на меті втиснути сучасні засоби виробництва та обміну в старі рамки відносин власності

Dans un cas comme dans l'autre, elle est à la fois réactionnaire et utopique

У будь-якому випадку вона одночасно і реакційна, і утопічна

Ses derniers mots sont : guildes corporatives pour la fabrication, relations patriarcales dans l'agriculture

Останні його слова: корпоративні гільдії для виробництва, патріархальні відносини в сільському господарстві

En fin de compte, lorsque les faits historiques obstinés ont dispersé tous les effets enivrants de l'auto-tromperie

Врешті-решт, коли вперті історичні факти розвіяли всі п'янкі наслідки самообману

cette forme de socialisme se termina par un misérable accès de pitié

ця форма соціалізму закінчилася жалюгідним поривом жалю

c) Le socialisme allemand, ou « vrai »
в) німецький, або "істинний", соціалізм

La littérature socialiste et communiste de France est née sous la pression d'une bourgeoisie au pouvoir
Соціалістична і комуністична література Франції зародилася під тиском буржуазії, що перебувала при владі
Et cette littérature était l'expression de la lutte contre ce pouvoir
І ця література була вираженням боротьби проти цієї влади

elle a été introduite en Allemagne à une époque où la bourgeoisie venait de commencer sa lutte contre l'absolutisme féodal
вона була введена в Німеччину в той час, коли буржуазія тільки починала боротьбу з феодальним абсолютизмом
Les philosophes allemands, les prétendus philosophes et les beaux esprits, s'emparèrent avidement de cette littérature
Німецькі філософи, майбутні філософи і красуні-еспріти жадібно хапалися за цю літературу
mais ils oubliaient que les écrits avaient émigré de France en Allemagne sans apporter avec eux les conditions sociales françaises
але вони забули, що твори іммігрували з Франції до Німеччини, не принісши з собою французьких соціальних умов
Au contact des conditions sociales allemandes, cette littérature française perd toute sa signification pratique immédiate
У зіткненні з німецькими соціальними умовами ця французька література втратила все своє безпосереднє практичне значення
et la littérature communiste de France a pris un aspect purement littéraire dans les cercles académiques allemands

а комуністична література Франції в німецьких
академічних колах набула суто літературного аспекту

**Ainsi, les exigences de la première Révolution française
n'étaient rien d'autre que les exigences de la « raison
pratique »**

Таким чином, вимоги першої Французької революції були
нічим іншим, як вимогами «практичного розуму»

**et l'expression de la volonté de la bourgeoisie française
révolutionnaire signifiait à leurs yeux la loi de la volonté
pure**

і виголошення волі революційної французької буржуазії
означало в їхніх очах закон чистої волі

**il signifiait la Volonté telle qu'elle devait être ; de la vraie
Volonté humaine en général**

це означало Волю такою, якою вона повинна була бути;
справжньої людської волі взагалі

**Le monde des lettrés allemands ne consistait qu'à mettre les
nouvelles idées françaises en harmonie avec leur ancienne
conscience philosophique**

Світ німецьких літераторів полягав виключно в тому, щоб
привести нові французькі ідеї у відповідність з їх давньою
філософською свідомістю

**ou plutôt, ils ont annexé les idées françaises sans déserter
leur propre point de vue philosophique**

точніше, вони анексували французькі ідеї, не
відмовляючись від власної філософської точки зору

**Cette annexion s'est faite de la même manière que l'on
s'approprie une langue étrangère, c'est-à-dire par la
traduction**

Ця анексія відбулася в той самий спосіб, у який
привласнюється іноземна мова, а саме шляхом перекладу

**Il est bien connu comment les moines ont écrit des vies
stupides de saints catholiques sur des manuscrits**

Добре відомо, як монахи писали безглузді житія
католицьких святих над рукописами

les manuscrits sur lesquels les œuvres classiques de l'ancien paganisme avaient été écrites

рукописи, на яких були написані класичні твори стародавнього язичництва

Les lettrés allemands ont inversé ce processus avec la littérature française profane

Німецькі літератори змінили цей процес за допомогою профанної французької літератури

Ils ont écrit leurs absurdités philosophiques sous l'original français

Вони писали свою філософську нісенітницю під французьким оригіналом

Par exemple, sous la critique française des fonctions économiques de l'argent, ils ont écrit « L'aliénation de l'humanité »

Наприклад, під французькою критикою економічних функцій грошей вони написали «Відчуження людства»

au-dessous de la critique française de l'État bourgeois, ils écrivaient « détrônement de la catégorie du général »

під французькою критикою буржуазної держави писали «скинення з престолу категорії генерала»

L'introduction de ces phrases philosophiques à la fin des critiques historiques françaises qu'ils ont baptisées :

Введення цих філософських фраз на задній план французької історичної критики, яку вони охрестили:

« Philosophie de l'action », « Vrai socialisme », « Science allemande du socialisme », « Fondement philosophique du socialisme », etc

«Філософія дії», «Істинний соціалізм», «Німецька наука про соціалізм», «Філософська основа соціалізму» тощо

La littérature socialiste et communiste française est ainsi complètement émasculée

Таким чином, французька соціалістична і комуністична література була повністю вихолощена

entre les mains des philosophes allemands, elle cessa d'exprimer la lutte d'une classe contre l'autre

в руках німецьких філософів вона перестала виражати боротьбу одного класу з іншим

et c'est ainsi que les philosophes allemands se sentaient conscients d'avoir surmonté « l'unilatéralité française »

і тому німецькі філософи відчували, що подолали «французьку однобічність»

Il n'avait pas à représenter de vraies exigences, mais plutôt des exigences de vérité

Вона не повинна була представляти істинні вимоги, скоріше, вона представляла вимоги істини

il n'y avait pas d'intérêt pour le prolétariat, mais plutôt pour la nature humaine

не було інтересу до пролетаріату, скоріше, був інтерес до людської природи

l'intérêt était dans l'Homme en général, qui n'appartient à aucune classe et n'a pas de réalité

інтерес був до людини взагалі, яка не належить до жодного класу і не має реальності

un homme qui n'existe que dans le royaume brumeux de la fantaisie philosophique

Людина, яка існує лише в туманному царстві філософської фантазії

mais finalement, ce socialisme allemand d'écolier perdit aussi son innocence pédante

але врешті-решт цей школяр німецький соціалізм також втратив свою педантичну невинність

la bourgeoisie allemande, et surtout la bourgeoisie prussienne, luttait contre l'aristocratie féodale

німецька буржуазія і особливо прусська буржуазія боролися проти феодальної аристократії

la monarchie absolue de l'Allemagne et de la Prusse était également combattue

проти абсолютної монархії Німеччини та Пруссії також протистояли

Et à son tour, la littérature du mouvement libéral est également devenue plus sérieuse

І, в свою чергу, література ліберального руху також стала
більш серйозною

**L'Allemagne a eu l'occasion longtemps souhaitée par le «
vrai » socialisme de se voir offrir**

Німеччина отримала довгоочікувану можливість для
«справжнього» соціалізму

**l'occasion de confronter le mouvement politique aux
revendications socialistes**

можливість протистояння політичного руху
соціалістичним вимогам

**l'occasion de jeter les anathèmes traditionnels contre le
libéralisme**

можливість кинути традиційні анафеми проти
лібералізму

**l'occasion d'attaquer le gouvernement représentatif et la
concurrence bourgeoise**

можливість нападати на представницький уряд і
конкуренцію буржуазії

**Liberté de la presse bourgeoise, législation bourgeoise,
liberté et égalité bourgeoise**

Буржуазія свобода друку, буржуазне законодавство,
буржуазія свобода і рівність

**Tout cela pourrait maintenant être critiqué dans le monde
réel, plutôt que dans la fantaisie**

Все це тепер можна критикувати в реальному світі, а не в
фантазіях

**L'aristocratie féodale et la monarchie absolue prêchaient
depuis longtemps aux masses**

Феодальна аристократія і абсолютна монархія здавна
проповідували широким масам

« L'ouvrier n'a rien à perdre, et il a tout à gagner »

«Трудящій людині нема чого втрачати, і вона має все, щоб
здобути»

**le mouvement bourgeois offrait aussi une chance de se
confronter à ces platitudes**

буржуазний рух також давав шанс протистояти цим банальностям

la critique française présupposait l'existence d'une société bourgeoise moderne

французька критика припускала існування сучасного буржуазного суспільства

Conditions économiques d'existence de la bourgeoisie et constitution politique de la bourgeoisie

Економічні умови існування буржуазії та політичний устрій буржуазії

les choses mêmes dont la réalisation était l'objet de la lutte imminente en Allemagne

ті самі речі, досягнення яких було предметом майбутньої боротьби в Німеччині

L'écho stupide du socialisme en Allemagne a abandonné ces objectifs juste à temps

Безглузде відлуння соціалізму в Німеччині відкинуло ці цілі в найкоротші терміни

Les gouvernements absolus avaient leur suite de pasteurs, de professeurs, d'écuyers de campagne et de fonctionnaires

Абсолютні уряди мали своїх послідовників у складі парсонсів, професорів, сільських сквайрів і чиновників

le gouvernement de l'époque a répondu aux soulèvements de la classe ouvrière allemande par des coups de fouet et des balles

тодішній уряд зустрів повстання німецького робітничого класу побиттям і кулями

pour eux, ce socialisme était un épouvantail bienvenu contre la bourgeoisie menaçante

Цей соціалізм служив для них бажаним опудалом проти загрозливої буржуазії

et le gouvernement allemand a pu offrir un dessert sucré après les pilules amères qu'il a distribuées

і німецький уряд зміг запропонувати солодкий десерт після гірких пігулок, які він роздавав

ce « vrai » socialisme servait donc aux gouvernements
d'arme pour combattre la bourgeoisie allemande

Таким чином, цей «істинний» соціалізм служив урядам
зброєю в боротьбі з німецькою буржуазією

et, en même temps, il représentait directement un intérêt
réactionnaire ; celle des Philistins allemands

і, в той же час, він безпосередньо представляв реакційний
інтерес; німецьких філістимлян

En Allemagne, la petite bourgeoisie est la véritable base
sociale de l'état de choses actuel

У Німеччині клас дрібної буржуазії є реальною
соціальною основою існуючого стану речей

une relique du XVIe siècle qui n'a cessé de surgir sous
diverses formes

Реліквія XVI століття, яка постійно з'являлася в різних
формах

Conserver cette classe, c'est préserver l'état de choses
existant en Allemagne

Зберегти цей клас - значить зберегти існуючий стан речей
в Німеччині

La suprématie industrielle et politique de la bourgeoisie
menace la petite bourgeoisie d'une destruction certaine

Промислове і політичне панування буржуазії загрожує
дрібній буржуазії неминучим знищенням

d'une part, elle menace de détruire la petite bourgeoisie par
la concentration du capital

з одного боку, це загрожує знищенням дрібної буржуазії
через концентрацію капіталу

d'autre part, la bourgeoisie menace de la détruire par
l'avènement d'un prolétariat révolutionnaire

з іншого боку, буржуазія загрожує знищити її через
піднесення революційного пролетаріату

Le « vrai » socialisme semblait faire d'une pierre deux coups.
Il s'est répandu comme une épidémie

«Істинний» соціалізм виявився таким, щоб убити цих двох
зайців одним пострілом. Вона поширилася, як епідемія

La robe de toiles d'araignées spéculatives, brodée de fleurs de rhétorique, trempée dans la rosée du sentiment maladif

Одежа спекулятивного павутиння, розшита квітами риторики, просякнута росою хворобливих почуттів

cette robe transcendantale dans laquelle les socialistes allemands enveloppaient leurs tristes « vérités éternelles »

цю трансцендентну мантію, в яку німецькі соціалісти загорнули свої жалюгідні «вічні істини»

tout de peau et d'os, servaient à augmenter merveilleusement la vente de leurs marchandises auprès d'un public aussi

вся шкіра і кістки, служили для того, щоб чудово збільшити продаж своїх товарів серед такої публіки

Et de son côté, le socialisme allemand reconnaissait de plus en plus sa propre vocation

Зі свого боку, німецький соціалізм дедалі більше визнавав своє власне покликання

on l'appelait à être le représentant grandiloquent de la petite-bourgeoisie philistine

він був покликаний бути пихатим представником міщанина-філістимлянина

Il proclamait que la nation allemande était la nation modèle, et le petit philistin allemand l'homme modèle

Він проголосив німецьку націю зразковою нацією, а німецький міщанин — зразковою людиною

À chaque méchanceté de cet homme modèle, elle donnait une interprétation socialiste cachée, plus élevée

Кожній лиходійській підлості цієї зразкової людини вона давала приховане, вище, соціалістичне тлумачення

cette interprétation socialiste supérieure était l'exact contraire de son caractère réel

це вище, соціалістичне тлумачення було повною протилежністю його дійсному характеру

Il est allé jusqu'à s'opposer directement à la tendance « brutalement destructrice » du communisme

Вона дійшла до крайньої міри, прямо протистоячи «брутально руйнівній» тенденції комунізму

et il proclamait son mépris suprême et impartial de toutes les luttes de classes

і проголосила своє найвище і неупереджене презирство до всієї класової боротьби

À de très rares exceptions près, toutes les publications dites socialistes et communistes qui circulent aujourd'hui (1847) en Allemagne appartiennent au domaine de cette littérature nauséabonde et énervante

За дуже рідкісними винятками, всі так звані соціалістичні та комуністичні видання, які зараз (1847 р.) циркулюють у Німеччині, належать до сфери цієї брудної та огидної літератури

2) Le socialisme conservateur ou le socialisme bourgeois
2) Консервативний соціалізм, або буржуазний соціалізм

Une partie de la bourgeoisie est désireuse de redresser les griefs sociaux
Частина буржуазії прагне залагодити соціальні образи
afin d'assurer la pérennité de la société bourgeoise
з метою забезпечення подальшого існування буржуазного суспільства
C'est à cette section qu'appartiennent les économistes, les philanthropes, les humanitaires
До цього розділу належать економісти, філантропи, гуманітарії
améliorateurs de la condition de la classe ouvrière et organisateurs de la charité
поліпшення становища робітничого класу та організатори благодійності
membres des sociétés de prévention de la cruauté envers les animaux
члени товариств запобігання жорстокому поводженню з тваринами
fanatiques de la tempérance, réformateurs de toutes sortes imaginables
Фанатики поміркованості, запеклі реформатори будь-якого роду
Cette forme de socialisme a, d'ailleurs, été élaborée en systèmes complets
Крім того, ця форма соціалізму була перетворена в цілісні системи
On peut citer la « Philosophie de la Misère » de Proudhon comme exemple de cette forme
Як приклад такої форми можна навести «Філософію мізерів» Прудона
La bourgeoisie socialiste veut tous les avantages des conditions sociales modernes

Соціалістична буржуазія прагне всіх переваг сучасних суспільних умов

mais la bourgeoisie socialiste ne veut pas nécessairement des luttes et des dangers qui en résultent

але соціалістична буржуазія не обов'язково хоче боротьби і небезпек, що випливають з цього

Ils désirent l'état actuel de la société, sans ses éléments révolutionnaires et désintégrateurs

Вони прагнуть існуючого стану суспільства без його революційних і дезінтегруючих елементів

c'est-à-dire qu'ils veulent une bourgeoisie sans prolétariat

іншими словами, вони бажають буржуазії без пролетаріату

La bourgeoisie conçoit naturellement le monde dans lequel elle est souveraine d'être la meilleure

Буржуазія природно уявляє собі світ, в якому вона найвища, найкращою

et le socialisme bourgeois développe cette conception confortable en divers systèmes plus ou moins complets

і буржуазний соціалізм розвиває цю зручну концепцію в різні більш-менш завершені системи

ils voudraient beaucoup que le prolétariat marche droit dans la Nouvelle Jérusalem sociale

вони дуже хотіли б, щоб пролетаріат негайно рушив у соціальний Новий Єрусалим

Mais en réalité, elle exige du prolétariat qu'il reste dans les limites de la société existante

Але насправді це вимагає, щоб пролетаріат залишався в межах існуючого суспільства

ils demandent au prolétariat de se débarrasser de toutes ses idées haineuses sur la bourgeoisie

вони просять пролетаріат відкинути всі свої ненависні ідеї щодо буржуазії

il y a une seconde forme plus pratique, mais moins systématique, de ce socialisme

є друга, більш практична, але менш систематична форма цього соціалізму

Cette forme de socialisme cherchait à déprécier tout mouvement révolutionnaire aux yeux de la classe ouvrière

Ця форма соціалізму прагнула знецінити будь-який революційний рух в очах робітничого класу

Ils soutiennent qu'aucune simple réforme politique ne pourrait leur être d'un quelconque avantage

Вони стверджують, що жодна проста політична реформа не може принести їм жодної користі

Seul un changement dans les conditions matérielles d'existence dans les relations économiques est bénéfique

Вигоду приносить лише зміна матеріальних умов існування в економічних відносинах

Comme le communisme, cette forme de socialisme prône un changement des conditions matérielles d'existence

Як і комунізм, ця форма соціалізму виступає за зміну матеріальних умов існування

Cependant, cette forme de socialisme ne suggère nullement l'abolition des rapports de production bourgeois

однак ця форма соціалізму аж ніяк не передбачає скасування буржуазних виробничих відносин

l'abolition des rapports de production bourgeois ne peut se faire que par la révolution

скасування буржуазних виробничих відносин може бути досягнуто тільки шляхом революції

Mais au lieu d'une révolution, cette forme de socialisme suggère des réformes administratives

Але замість революції ця форма соціалізму передбачає адміністративні реформи

et ces réformes administratives seraient fondées sur la pérennité de ces relations

І ці адміністративні реформи ґрунтуватимуться на продовженні існування цих відносин

réformes qui n'affectent en rien les rapports entre le capital et le travail

реформи, які жодним чином не впливають на відносини між капіталом і працею

au mieux, de telles réformes réduisent le coût et simplifient le travail administratif du gouvernement bourgeois

в кращому випадку такі реформи зменшують витрати і спрощують адміністративну роботу буржуазного уряду

Le socialisme bourgeois atteint une expression adéquate lorsque, et seulement lorsque, il devient une simple figure de style

Буржуазний соціалізм досягає адекватного вираження тоді і тільки тоді, коли він стає просто фігурою мови

Le libre-échange : au profit de la classe ouvrière

Вільна торгівля: на благо робітничого класу

Les devoirs protecteurs : au profit de la classe ouvrière

Захисні обов'язки: на благо робітничого класу

Réforme pénitentiaire : au profit de la classe ouvrière

Пенітенціарна реформа: на благо робітничого класу

C'est le dernier mot et le seul mot sérieux du socialisme bourgeois

Це останнє слово і єдине серйозне слово буржуазного соціалізму

Elle se résume dans la phrase : la bourgeoisie est une bourgeoisie au profit de la classe ouvrière

Це зводиться до фрази: буржуазія - це буржуазія на благо робітничого класу

3) Socialisme et communisme utopiques critiques
3) критично-утопічний соціалізм і комунізм

Nous ne nous référons pas ici à la littérature qui a toujours donné la parole aux revendications du prolétariat
Ми не маємо тут на увазі ту літературу, яка завжди озвучувала вимоги пролетаріату

cela a été présent dans toutes les grandes révolutions modernes, comme les écrits de Babeuf et d'autres
це було присутнє в кожній великій сучасній революції, як, наприклад, у працях Бабефа та інших

Les premières tentatives directes du prolétariat pour parvenir à ses propres fins échouèrent nécessairement
Перші прямі спроби пролетаріату досягти власних цілей неминуче зазнали невдачі

Ces tentatives ont été faites dans des temps d'effervescence universelle, lorsque la société féodale était renversée
Ці спроби були зроблені в часи загального збудження, коли відбувалося повалення феодального суспільства

L'état alors peu développé du prolétariat a conduit à l'échec de ces tentatives
Нерозвинений тоді стан пролетаріату призвів до того, що ці спроби зазнали невдачі

et ils ont échoué en raison de l'absence des conditions économiques pour son émancipation
І вони зазнали невдачі через відсутність економічних умов для її визволення

conditions qui n'avaient pas encore été produites, et qui ne pouvaient être produites que par l'époque de la bourgeoisie
умови, які ще не були створені і могли бути створені лише епохою буржуазії, що насувалася

La littérature révolutionnaire qui accompagnait ces premiers mouvements du prolétariat avait nécessairement un caractère réactionnaire

Революційна література, що супроводжувала ці перші рухи пролетаріату, неодмінно носила реакційний характер

Cette littérature inculquait l'ascétisme universel et le nivellement social dans sa forme la plus grossière

Ця література прищеплювала універсальний аскетизм і соціальне зрівнялівство в його найгрубішій формі

Les systèmes socialistes et communistes, proprement dits, naissent au début de la période sous-développée

Соціалістична і комуністична системи, власне так називаються, виникли в ранній нерозвинений період

Saint-Simon, Fourier, Owen et d'autres, ont décrit la lutte entre le prolétariat et la bourgeoisie (voir section 1)

Сен-Сімон, Фур'є, Оуен та інші описували боротьбу між пролетаріатом і буржуазією (див. Розділ 1)

Les fondateurs de ces systèmes voient, en effet, les antagonismes de classe

Засновники цих систем бачать, дійсно, класові антагонізми

Ils voient aussi l'action des éléments en décomposition, dans la forme dominante de la société

Вони також бачать дію елементів, що розкладаються, в панівній формі суспільства

Mais le prolétariat, encore à ses débuts, leur offre le spectacle d'une classe sans aucune initiative historique

Але пролетаріат, який ще перебуває в зародковому стані, пропонує їм видовище класу, позбавленого будь-якої історичної ініціативи

Ils voient le spectacle d'une classe sociale sans aucun mouvement politique indépendant

Вони бачать видовище соціального класу без будь-якого незалежного політичного руху

Le développement de l'antagonisme de classe va de pair avec le développement de l'industrie

Розвиток класового антагонізму йде в ногу з розвитком промисловості

La situation économique ne leur offre donc pas encore les conditions matérielles de l'émancipation du prolétariat

Отже, економічна ситуація ще не пропонує їм матеріальних умов для визволення пролетаріату

Ils cherchent donc une nouvelle science sociale, de nouvelles lois sociales, qui doivent créer ces conditions

Тому вони шукають нову соціальну науку, нові соціальні закони, які повинні створити ці умови

l'action historique, c'est céder à leur action inventive personnelle

Історична дія полягає в тому, щоб поступитися своїм особистим винахідницьким діям

Les conditions d'émancipation créées historiquement doivent céder la place à des conditions fantastiques

Історично створені умови емансипації повинні поступатися фантастичним умовам

et l'organisation de classe graduelle et spontanée du prolétariat doit céder la place à l'organisation de la société

А поступова, стихійна класова організація пролетаріату повинна поступитися організації суспільства

l'organisation de la société spécialement conçue par ces inventeurs

організація суспільства, спеціально придумана цими винахідниками

L'histoire future se résout, à leurs yeux, dans la propagande et l'exécution pratique de leurs projets sociaux

Майбутня історія в їхніх очах зводиться до пропаганди та практичного здійснення їхніх соціальних планів

Dans l'élaboration de leurs plans, ils ont conscience de s'occuper avant tout des intérêts de la classe ouvrière

При формуванні своїх планів вони усвідомлюють, що дбають головним чином про інтереси робітничого класу

Ce n'est que du point de vue d'être la classe la plus souffrante que le prolétariat existe pour eux

Тільки з точки зору найбільш страждального класу пролетаріат існує для них

L'état sous-développé de la lutte des classes et leur propre environnement informent leurs opinions

Нерозвинений стан класової боротьби і власне оточення формують їх думку

Les socialistes de ce genre se considèrent comme bien supérieurs à tous les antagonismes de classe

Соціалісти такого типу вважають себе набагато вищими за всі класові антагонізми

Ils veulent améliorer la condition de tous les membres de la société, même celle des plus favorisés

Вони хочуть поліпшити становище кожного члена суспільства, навіть найбільш привілейованого

Par conséquent, ils s'adressent habituellement à la société dans son ensemble, sans distinction de classe

Отже, вони зазвичай апелюють до суспільства в цілому, без різниці між класами

Bien plus, ils font appel à la société dans son ensemble de préférence à la classe dirigeante

Ні, вони апелюють до суспільства в цілому, віддаючи перевагу правлячому класу

Pour eux, tout ce qu'il faut, c'est que les autres comprennent leur système

Для них все, що потрібно, це щоб інші зрозуміли їхню систему

Car comment les gens peuvent-ils ne pas voir que le meilleur plan possible est le meilleur état possible de la société ?

Бо як люди можуть не бачити, що найкращим можливим планом є найкращий можливий стан суспільства?

C'est pourquoi ils rejettent toute action politique, et surtout toute action révolutionnaire

Тому вони відкидають будь-яку політичну, а особливо будь-яку революційну діяльність

ils veulent arriver à leurs fins par des moyens pacifiques

Вони бажають досягти своїх цілей мирним шляхом

ils s'efforcent, par de petites expériences, qui sont nécessairement vouées à l'échec

Вони намагаються за допомогою невеликих експериментів, які неминуче приречені на провал

et par la force de l'exemple, ils essaient d'ouvrir la voie au nouvel Évangile social

і силою прикладу намагаються прокласти шлях до нового соціального Євангелія

De tels tableaux fantastiques de la société future, peints à une époque où le prolétariat est encore dans un état très sous-développé

Такі фантастичні картини майбутнього суспільства, написані в той час, коли пролетаріат ще знаходиться в дуже нерозвиненому стані

et il n'a encore qu'une conception fantasmatique de sa propre position

І вона все ще має лише фантастичне уявлення про власну позицію

Mais leurs premières aspirations instinctives correspondent aux aspirations du prolétariat

Але їх перші інстинктивні прагнення відповідають прагненням пролетаріату

L'un et l'autre aspirent à une reconstruction générale de la société

Обидва прагнуть до загальної реконструкції суспільства

Mais ces publications socialistes et communistes contiennent aussi un élément critique

Але ці соціалістичні та комуністичні публікації містять також важливий елемент

Ils s'attaquent à tous les principes de la société existante

Вони нападають на всі принципи існуючого суспільства

C'est pourquoi ils sont remplis des matériaux les plus précieux pour l'illumination de la classe ouvrière

Тому вони сповнені найцінніших матеріалів для просвітництва робітничого класу

Ils proposent l'abolition de la distinction entre la ville et la campagne, et la famille

Вони пропонують скасувати різницю між містом і селом, сім'єю

la suppression de l'exercice de l'industrie pour le compte des particuliers

скасування ведення галузей промисловості за рахунок приватних осіб

et l'abolition du salariat et la proclamation de l'harmonie sociale

скасування системи заробітної плати і проголошення суспільної злагоди

la transformation des fonctions de l'État en une simple surveillance de la production

перетворення функцій держави на просте управління виробництвом

Toutes ces propositions ne pointent que vers la disparition des antagonismes de classe

Всі ці пропозиції вказують виключно на зникнення класових антагонізмів

Les antagonismes de classe ne faisaient alors que surgir

Класові антагонізми в той час тільки з'являлися

Dans ces publications, ces antagonismes de classe ne sont reconnus que dans leurs formes les plus anciennes, indistinctes et indéfinies

У цих публікаціях ці класові антагонізми визнаються лише в їх найбільш ранніх, невиразних і невизначених формах

Ces propositions ont donc un caractère purement utopique

Отже, ці пропозиції мають суто утопічний характер

La signification du socialisme et du communisme critiques-utopiques est en relation inverse avec le développement historique

Значення критично-утопічного соціалізму і комунізму має зворотне відношення до історичного розвитку

La lutte de classe moderne se développera et continuera à prendre une forme définitive

Сучасна класова боротьба буде розвиватися і надалі набувати певних обрисів

Cette réputation fantastique du concours perdra toute valeur pratique

Ця фантастична репутація від конкурсу втратить будь-яку практичну цінність

Ces attaques fantastiques contre les antagonismes de classe perdront toute justification théorique

Ці фантастичні нападки на класові антагонізми втратять будь-яке теоретичне обґрунтування

Les initiateurs de ces systèmes étaient, à bien des égards, révolutionnaires

Творці цих систем багато в чому були революційними

Mais leurs disciples n'ont, dans tous les cas, formé que des sectes réactionnaires

Але їхні учні в кожному випадку утворювали прості реакційні секти

Ils s'en tiennent fermement aux vues originales de leurs maîtres

Вони міцно тримаються за оригінальні погляди своїх господарів

Mais ces vues s'opposent au développement historique progressif du prolétariat

Але ці погляди суперечать прогресивному історичному розвитку пролетаріату

Ils s'efforcent donc, et cela constamment, d'étouffer la lutte des classes

Тому вони намагаються, і то послідовно, придушити класову боротьбу

et ils s'efforcent constamment de concilier les antagonismes de classe

І вони послідовно намагаються примирити класові антагонізми

Ils rêvent encore de la réalisation expérimentale de leurs utopies sociales

Вони досі мріють про експериментальну реалізацію своїх соціальних утопій

ils rêvent encore de fonder des « phalanstères » isolés et d'établir des « colonies d'origine »

вони все ще мріють заснувати ізольовані «фаланстери» і заснувати «домашні колонії»

ils rêvent de mettre en place une « Petite Icarie » – éditions duodecimo de la Nouvelle Jérusalem

вони мріють створити «Маленьку Ікарію» — дуодецимо видань Нового Єрусалиму

Et ils rêvent de réaliser tous ces châteaux dans les airs

І всі ці повітряні замки вони мріють втілити в життя

Ils sont obligés de faire appel aux sentiments et aux bourses des bourgeois

Вони змушені апелювати до почуттів і гаманців буржуа

Peu à peu, ils s'enfoncent dans la catégorie des socialistes conservateurs réactionnaires décrits ci-dessus

Поступово вони скочуються в категорію реакційних консервативних соціалістів, зображених вище

ils ne diffèrent de ceux-ci que par une pédanterie plus systématique

Від них вони відрізняються лише більш систематичною педантизмом

et ils diffèrent par leur croyance fanatique et superstitieuse aux effets miraculeux de leur science sociale

І вони відрізняються своєю фанатичною і забобонною вірою в чудесні наслідки своєї соціальної науки

Ils s'opposent donc violemment à toute action politique de la part de la classe ouvrière

Тому вони чинять запеклий опір будь-яким політичним діям робітничого класу

une telle action, selon eux, ne peut résulter que d'une incrédulité aveugle dans le nouvel Évangile

Такі дії, на їхню думку, можуть бути наслідком лише сліпої невіри в нове Євангеліє

Les owénistes en Angleterre et les fouriéristes en France s'opposent respectivement aux chartistes et aux réformistes
Оуеніти в Англії і фур'єристи у Франції, відповідно, виступають проти чартистів і «реформістів»

Position des communistes par rapport aux divers partis d'opposition existants

Позиція комуністів по відношенню до різних існуючих протиборчих партій

La section II a mis en évidence les relations des communistes avec les partis ouvriers existants

Розділ II прояснив відносини комуністів з існуючими робітничими партіями

comme les chartistes en Angleterre et les réformateurs agraires en Amérique

такі, як чартисти в Англії та аграрні реформатори в Америці

Les communistes luttent pour la réalisation des objectifs immédiats

Комуністи борються за досягнення найближчих цілей

Ils luttent pour l'application des intérêts momentanés de la classe ouvrière

Вони борються за реалізацію сьогохвилинних інтересів робітничого класу

Mais dans le mouvement politique d'aujourd'hui, ils représentent et s'occupent aussi de l'avenir de ce mouvement

Але в політичному русі сьогодення вони також представляють і піклуються про майбутнє цього руху

En France, les communistes s'allient avec les social-démocrates

У Франції комуністи об'єднуються з соціал-демократами

et ils se positionnent contre la bourgeoisie conservatrice et radicale

і вони протиставляють себе консервативній і радикальній буржуазії

cependant, ils se réservent le droit d'adopter une position critique à l'égard des phrases et des illusions traditionnellement héritées de la grande Révolution

однак вони залишають за собою право займати критичну позицію щодо фраз та ілюзій, традиційно переданих з часів Великої революції

En Suisse, ils soutiennent les radicaux, sans perdre de vue que ce parti est composé d'éléments antagonistes

У Швейцарії підтримують радикалів, не випускаючи з уваги той факт, що ця партія складається з антагоністичних елементів

en partie des socialistes démocrates, au sens français du terme, en partie de la bourgeoisie radicale

частково демократичних соціалістів, у французькому розумінні, частково радикальної буржуазії

En Pologne, ils soutiennent le parti qui insiste sur la révolution agraire comme condition première de l'émancipation nationale

У Польщі підтримують партію, яка наполягає на аграрній революції як головній умові національного визволення

ce parti qui fomenta l'insurrection de Cracovie en 1846

та партія, яка підбурила повстання в Кракові в 1846 році

En Allemagne, ils luttent avec la bourgeoisie chaque fois qu'elle agit de manière révolutionnaire

У Німеччині воюють з буржуазією щоразу, коли вона діє революційним шляхом

contre la monarchie absolue, l'escroc féodal et la petite bourgeoisie

проти абсолютної монархії, феодального зброєносця і дрібної буржуазії

Mais ils ne cessent jamais, un seul instant, inculquer à la classe ouvrière une idée particulière

Але вони ні на мить не перестають прищеплювати робітничому класу якусь одну конкретну ідею

la reconnaissance la plus claire possible de l'antagonisme hostile entre la bourgeoisie et le prolétariat

якнайчіткіше визнання ворожого антагонізму між буржуазією і пролетаріатом

afin que les ouvriers allemands puissent immédiatement utiliser les armes dont ils disposent

щоб німецькі робітники могли негайно скористатися наявною в їхньому розпорядженні зброєю

les conditions sociales et politiques que la bourgeoisie doit nécessairement introduire en même temps que sa suprématie

суспільно-політичні умови, які буржуазія неодмінно повинна запровадити разом зі своїм пануванням

la chute des classes réactionnaires en Allemagne est inévitable

падіння реакційних класів у Німеччині неминуче

et alors la lutte contre la bourgeoisie elle-même peut commencer immédiatement

і тоді відразу може початися боротьба з самою буржуазією

Les communistes tournent leur attention principalement vers l'Allemagne, parce que ce pays est à la veille d'une révolution bourgeoise

Комуністи звертають свою увагу головним чином на Німеччину, тому що ця країна знаходиться напередодні буржуазної революції

une révolution qui ne manquera pas de s'accomplir dans des conditions plus avancées de la civilisation européenne

революція, яка неодмінно відбудеться в більш розвинених умовах європейської цивілізації

Et elle ne manquera pas de se faire avec un prolétariat beaucoup plus développé

І це неодмінно буде здійснено з набагато більш розвиненим пролетаріатом

un prolétariat plus avancé que celui de l'Angleterre au XVIIe siècle, et celui de la France au XVIIIe siècle

пролетаріат, більш розвинений, ніж в Англії, в XVII столітті, і у Франції в XVIII ст.

et parce que la révolution bourgeoise en Allemagne ne sera que le prélude d'une révolution prolétarienne qui suivra immédiatement

і тому, що буржуазна революція в Німеччині буде лише прелюдією до безпосередньо наступної пролетарської революції

Bref, partout les communistes soutiennent tout mouvement révolutionnaire contre l'ordre social et politique existant

Коротше кажучи, комуністи повсюдно підтримують будь-який революційний рух проти існуючого суспільно-політичного порядку речей

Dans tous ces mouvements, ils mettent au premier plan, comme la question maîtresse de chacun d'eux, la question de la propriété

У всіх цих рухах вони висувають на передній план, як провідне питання в кожному з них, майнове питання

quel que soit son degré de développement dans ce pays à ce moment-là

Незалежно від того, який ступінь її розвитку в цій країні на той час

Enfin, ils œuvrent partout pour l'union et l'accord des partis démocratiques de tous les pays

Нарешті, вони повсюдно працюють заради об'єднання і згоди демократичних партій усіх країн

Les communistes dédaignent de dissimuler leurs vues et leurs objectifs

Комуністи не гребують приховувати свої погляди і цілі

Ils déclarent ouvertement que leurs fins ne peuvent être atteintes que par le renversement par la force de toutes les conditions sociales existantes

Вони відкрито заявляють, що їх цілі можуть бути досягнуті тільки шляхом насильницького повалення всіх існуючих суспільних умов

Que les classes dirigeantes tremblent devant une révolution communiste

Нехай панівні класи тремтять від комуністичної революції

Les prolétaires n'ont rien d'autre à perdre que leurs chaînes

Пролетарям нема чого втрачати, крім своїх кайданів

Ils ont un monde à gagner

У них є світ, щоб перемогти

TRAVAILLEURS DE TOUS LES PAYS, UNISSEZ-VOUS !

ТРУДЯЩІ ВСІХ КРАЇН, ЄДНАЙТЕСЯ!

www.ingramcontent.com/pod-product-compliance
Lightning Source LLC
Chambersburg PA
CBHW011737020426
42333CB00024B/2928